Lente in Sicilië

Lente in Sicilië

De keuken van een eeuwenoud eiland

MANUELA DARLING-GANSSER

fotografie Simon Griffiths

Dankwoord

Veel mensen hebben geholpen bij het maken van dit boek. Ik wil in het bijzonder Vittorio Sportoletti-Baduel, Claudio Biaggi, Giulio en Laura Ripa di Meana en Carla la Rosa bedanken voor het delen van hun kennis over Sicilië. Maria Scarf en Ada Stanton hebben me geholpen met de recepten.

Op Sicilië heb ik geweldige hulp gehad van Natalia Jung, Alberto Coppola, Antonella Titone, Nardino Argate, Antonio Drago, Angelo en Maria-Concetta Cataldi, Michele Caruso en Carla Rametta, Carlo Hauner, Santo en Franco La Mancusa, Ornella Lucifora, Donato Tetto, Giorgio Cannata, Vincenzo Lo Mauro, Maria Grammatico en Giorgia Colomba.

Klarissa Pfisterer en Hamish Freeman hebben weer hun uitzonderlijke designtalenten bijgedragen; Julie Pinkham, Catherine Cradwick en Mary Small bij Hardie Grant hebben me steeds ondersteuning en hulp geboden; en Lucy Malouf is een volhardende en intelligente redacteur geweest.

Simon Griffiths heeft weer zijn prachtige foto's gedeeld en Daniel Darling is een geweldige reisgenoot geweest tijdens de research voor dit boek.

Ten slotte mijn dank aan mijn gezin – mijn kinderen, Miranda, Jason en Daniel, en mijn echtgenoot Michele. Zij zijn mijn meest enthousiaste fans en mijn strengste critici.

Lente in Sicilie is gepubliceerd door
Uitgeverij Edicola Publishing bv
Postbus 2013, 7420 AA Deventer
info@edicola.nl, www.edicola.nl

Uitgever Aernoud Oosterholt

Deze uitgave is tot stand gekomen i.s.m. uitgeverij De Boekenmakers (www.deboekenmakers.nl)
Ontwerp omslag en binnenwerk: Pfisterer + Freeman
Fotografie: Simon Griffiths
Redactie: Lucy Malouf, Cocky Rietman en Bel&Jet culiniare communicatie
Vertaling: Roos Fuchs Kalf
Opmaak: De Boekenmakers

ISBN 978-90-77740-80-4
NUR 440

Voor het eerst gepubliceerd in Australie in 2009 door Hardie Grant Books.
Oorspronkelijke titel: Spring in Sicily

Distributie en Marketing: De Boekenmakers, Eindhoven
info@deboekenmakers.nl, www.deboekenmakers.nl

Manuela
www.manuelafoodandtravel.com

Michele

A te che hai preso la mia vita
e ne hai fatto molto di più

inhoud

bikini contro l'utilizzo

inleiding

IK BEN HET GROOTSTE DEEL VAN MIJN LEVEN AL VERLIEFD OP SICILIË. IK KENDE het tot voor kort niet zo goed, maar het is er altijd geweest, ergens aan de rand van mijn bewustzijn. Een mysterieuze, fascinerende plek. Als kind ging ik met mijn familie op vakantie naar de Eolische Eilanden en ik ben er sindsdien een aantal keren weer teruggeweest, maar steeds maar kort, waardoor ik het gevoel bleef houden dat ik meer wilde. Dit boek is het resultaat van mijn aanhoudende wens om over het eiland te trekken, al zijn sterk verschillende landschappen te ervaren en het voedsel en de tradities te verkennen.

De beste tijd om Sicilië te bezoeken is de lente. De winter kan koud en grijs zijn, terwijl de zomer heet is en in de herfst ziet het eiland er verdord uit, uitgeput zelfs. Maar in de lente toont Sicilië in volle glorie de rijkdom aan producten die de vruchtbare grond voortbrengt. Vruchtenbomen en wijnstokken hebben nieuwe blaadjes, graanvelden strekken zich uit tot aan de horizon en veldbloemen groeien uitbundig in de bermen. In zee scholen tonijnen ongezien samen voor de jaarlijkse trek langs de noordkust, waar vol verwachting naar hen uitgekeken wordt, er zwemmen zwaardvissen door de Straat van Messina. Het resultaat van al deze overvloed is te zien op de beroemde straatmarkten van Sicilië en in de lente zijn die duizelingwekkend.

Sicilië kent een grote verscheidenheid aan producten en kookgewoonten. Dat is niet verbazingwekkend, gezien de vele verschillende landschappen die het eiland heeft. Je vindt er lange kuststroken, bergen en dalen in het binnenland, vruchtbare lavavelden en afgelegen eilandjes.

Bij de diversiteit aan landschappen kun je ook nog een uitzonderlijk rijke geschiedenis optellen. Sicilië is met zijn centrale ligging in de Middellandse Zee en zijn goede havens altijd van strategisch belang geweest. Maar het is de oogst uit de zee en van het land die het eiland zo bijzonder aantrekkelijk maakte. Je zou kunnen zeggen dat de verschillende veroveraars kwamen om het eiland in te nemen, maar bleven om ervan te genieten.

Sicilië is de afgelopen 2500 jaar bezet geweest door de meeste van de hoofdrolspelers van de geschiedenis. Carthagers, Grieken, Romeinen, Moren, Normandiërs en koningshuizen uit Frankrijk en Spanje zagen het eiland allemaal als kostbaar bezit. De overblijfselen van de opeenvolgende bezettingen zijn nog steeds overal te zien. In dit opzicht is Sicilië een soort levend museum – het verleden is altijd om je heen.

Dit geldt nergens sterker voor dan voor het eten. Als je alle Siciliaanse specialiteiten op een lange tafel onder een pergola zou uitstallen (de aangewezen plek om ervan te genieten), zou je de geschiedenis van het eiland zich voor je ogen zien afspelen.

Niet alle bezetters hadden evenveel invloed – sommige waren duidelijk beschaafder dan andere. De Moren hebben een bijzonder groot erfgoed achtergelaten. Zij heersten in de tiende en elfde eeuw over het westelijke deel van het eiland. Hun hoofdstad, Palermo, was in die tijd een wonder van beschaving. En de Moren hebben, zoals gebruikelijk voor hun cultuur, een sterke invloed gehad op het eten, die vandaag nog steeds merkbaar is. Dat is wat de Siciliaanse keuken zo speciaal maakt.

De mensen vormen ook een van de aantrekkelijke aspecten van Sicilië. Het is een divers volkje, dat het dna van zijn geschiedenis letterlijk in het bloed meedraagt. Zo zie je bijvoorbeeld nog vaak de blauwe ogen of het rossige haar van de Normandiërs. Sicilianen zijn zich zeer bewust van hun verleden, spreken onderling vaak nog Siciliaanse dialecten en beschouwen zichzelf als anders dan de 'vastelanders' van Italië.

De laatste tijd is Sicilië veel negatief in het nieuws geweest met verhalen over de maffia en bloedvetes. Ze werpen een schaduw over het leven in delen van Sicilië, maar ik heb me op al mijn reizen altijd veilig gevoeld en ik ben vrijwel zonder uitzondering warm en gastvrij ontvangen. Op het platteland zijn de mensen misschien van nature een beetje gereserveerd, maar als je interesse of waardering toont voor waar ze mee bezig zijn, worden ze open en vriendelijk.

In de steden verandert het leven. Steeds meer stadscentra zien er verzorgd uit, met historische gebouwen die gerenoveerd en beschermd worden. Oude gewoontes maken plaats voor een nieuw soort openheid en optimisme. Het is net alsof het eiland aan het ontwaken is uit een donkere slaap en zijn plaats in de zon weer opeist.

Dus je begrijpt waarom ik me zo aangetrokken voel door Sicilië. Ik heb een passie voor eten en dan niet alleen voor wat er op mijn bord ligt. Ik wil de geschiedenis en de tradities kennen en weten waar gerechten vandaan komen. Als je dat allemaal weet, geniet je nog veel meer van het voedsel zelf.

Dit boek is het verhaal van mijn reizen op Sicilië en het eten dat ik tegenkwam. Het is niet mijn bedoeling om alles te behandelen en mijn selectie is heel persoonlijk. Ik heb ervoor gekozen om me te richten op plaatsen die me aanspraken en op recepten die ik thuis zou maken om me die plaatsen te herinneren. Het is in wezen mediterraan Italiaans eten met een sterk Siciliaans accent, dus het is eenvoudig, direct, gezond en vol van geur en smaak – het soort eten dat we vandaag de dag allemaal lekker vinden.

Dus als je van zulk eten houdt en je Sicilië net zo fascinerend vindt als ik, vergezel me [illegible] dit eeuwenoude eiland.

SICILIA
MARIS ME:
DITERRA:
NEI
PARS
Mondello
Palermo
Scopello
Erice
Trapani
Favignana
Marsala
C. di Gallo
Porto
Monreale
C. Cofani
C. S. Vito
Golfo di Castel Ameur
Le Porcelli
Leuenzo
Maretamo
Calatafimi
Salemi
Entella
Gibellina
Portano
Corilione
Iatun
Petra longa
Iuliana
Villa franca
MAZA
VAL
MA
N
Apud Joh. et Cornel. Blaeu.

Salina
Milazzo
Messina
Taormina
Mt Etna
Bronte
Noto
Modica
MARE
DI
SICILIA
AFRICO

GIUSEPPE

Palermo

LA CONCA d'Oro

ALS JE NAAR EEN EILAND GAAT, HEB JE ALTIJD HET GEVOEL DAT JE EEN wereld verlaat en een andere binnengaat. Ook al kun je de noordoostkust van Sicilië zien vanaf het Italiaanse vasteland, om er te komen moet je met de boot of met het vliegtuig. Omdat het midden in de Middellandse Zee ligt, grofweg tussen de oost- en westkusten en de noord- en zuidkusten, voelt Sicilië aan als het centrum van het Middellandse Zeegebied. Als je zoals ik vanuit het noorden komt, is het gevoel dat je naar een andere wereld reist het sterkst.

Maar eerst moet je een keus maken: waar begin je je reis? Sicilië wordt losjes verdeeld in oost (dat in de oudheid Grieks was en later bedekt werd met een dikke laag Spaanse barok), west en noord. Hoewel ze door de eeuwen heen door vele bezetters ingenomen zijn geweest, zoals de Carthagers en de Romeinen, zijn het westen en het noorden toch vooral het centrum geweest van de Moorse overheersing. Daar is de invloed van de Moren dan ook het meest uitgesproken aanwezig. Palermo was de Moorse hoofdstad en is ook vandaag nog het bestuurscentrum van het eiland. Ik besloot mijn reis te beginnen in Palermo.

Tijdens de landing kun je vanuit het vliegtuigraampje de bijzondere ligging van

Boven: Ik en 'mijn' boot! Links: Een uitzicht op de baai van Mondello, een dorpje aan de kust, net buiten Palermo.

de stad zien. Een diepe baai ligt tussen twee bergachtige landpunten en vormt zo een prachtige natuurlijke haven. Op de baai komt een vlakte uit, die ooit uit vruchtbaar land bestond dat bevloeid werd door rivieren die uit de achtergelegen bergen stromen. De grote driehoekige vlakte wordt de Conca d'Oro (letterlijk 'hoorn van goud', maar bedoeld wordt 'hoorn des overvloeds') genoemd en heeft Palermo door de eeuwen heen van landbouwkundige weelde voorzien.

Tegenwoordig is de Conca d'Oro bedekt met bebouwing, nu de stad landinwaarts uitgedijd is. Je hebt heel wat fantasie nodig om de vruchtbare landbouwgronden van de eerste kolonisten erdoorheen te zien, of de wereldberoemde tuinen met irrigatiesystemen uit Moorse tijden of de botanische lusthoven waar Palermo aan het einde van de negentiende eeuw om bekendstond.

Ik heb Palermo een aantal keren bezocht en steeds betoverend gevonden. Het is een enorm vitale stad met een kenmerkende, gelaagde geschiedenis. Als je door de straten wandelt, zie je de kerken en kathedralen uit de tijd van de Normandiërs, soms gebouwd op plaatsen waar eerst moskeeën stonden. Er zijn grote palazzi, rijk versierde klassieke en barokke kerken en statige gebouwen uit de negentiende

Boven en links:* *Gebouwen in het oude Palermo

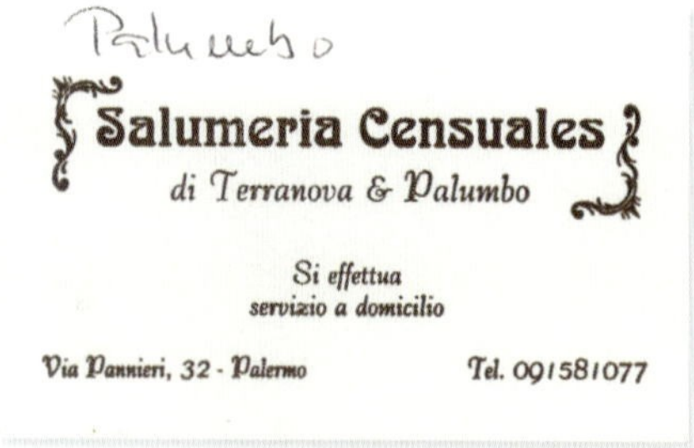

Boven en rechts: Fietsenwinkels en winkels met keukenbenodigdheden in Palermo

eeuw. Achter de grandeur, in smalle straatjes en aan kleine pleintjes, staan woonhuizen, sommige behoorlijk afgeleefd, waar al eeuwen in gewoond wordt. Her en der zijn plekken waar handel gedreven wordt – straten met fietsenwinkels, of kleine werkplaatsen waar allerlei zelfgemaakt keukengereedschap verkocht wordt.

Zelfs langs de grote avenues hebben de winkels iets ouderwets. In plaats van het gebruikelijke assortiment internationale luxemerken zie je plaatselijke middenstanders die nogal formele kleding uit eigen atelier verkopen. Dit soort winkels wordt afgewisseld door goede, onafhankelijke boekhandels, lijstenmakerijen en meubelrestaurateurs. Palermo's boerenverleden is alleen nog maar te zien op de beroemde markten. De stad is nu een bloeiend bestuurs- en handelscentrum, een plaats die zich erg bewust is van zijn rijke geschiedenis, maar waar men het verleden licht opvat en sterk op de toekomst gericht is.

Palermo is oorspronkelijk waarschijnlijk gesticht vanwege de haven en de goede landbouwgrond. Wie goede grond bezat op Sicilië moest door de eeuwen heen in staat zijn dat te verdedigen. Palermo moet dus vanaf het begin een vestingstad geweest zijn, gezien de aantrekkingskracht die het had voor de Feniciërs, de

ROBERTO
F.LLI GUAIANA INGROSSO CASALINGHI
Lavori in Lamiera, INOX,
Ferro Battuto Art. di
Alberghi,
Tel. 091/6172501

Grieken, de Romeinen, de Arabieren en de Normandiërs. De tiende en de elfde eeuw waren de gouden eeuwen van Palermo, eerst als Moorse hoofdstad onder Arabische heerschappij en daarna als Normandisch koninkrijk. In die tijd werd Palermo gezien als parel van het Middellandse Zeegebied, een stad die het grootse Bagdad ver weg in het oosten naar de kroon stak. Onder de Moren genoot de stad grote voorspoed, omdat zowel de economie als de kunsten bloeiden. Hoewel de Normandische koningen het christendom terugbrachten, waren ze tolerant naar hun islamitische onderdanen toe en namen ze veel gewoonten van hun voorgangers over. Gedurende die tijd werd Palermo een van de grote culturele- en handelscentra van Europa, beroemd om zijn schoonheid, klimaat en rijkdom. Men zegt dat koning Rogier II tijdens zijn heerschappij over Palermo meer inkomsten uit de stad haalde dan zijn Normandische neven uit heel Engeland.

Veel van deze rijkdom kwam voort uit de nieuwe landbouwmethoden die in de negende en tiende eeuw door de Moren ingevoerd werden. Het zijn waarschijnlijk de Feniciërs geweest die ongeveer 4000 jaar geleden de wijn en de olijf introduceerden. Maar de Moren hebben met hun hoogstaande irrigatietechnieken de

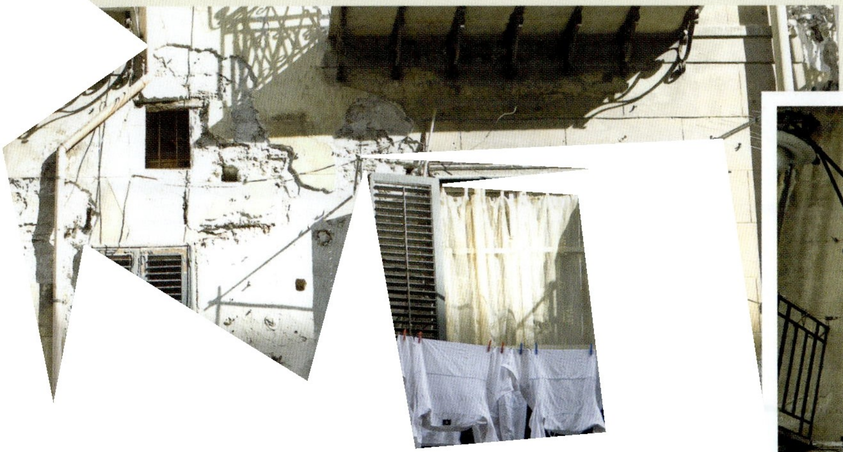

opbrengsten van bestaande gewassen enorm vergroot én konden nieuwe gewassen gaan kweken: gewassen die een regelmatige aanvoer van water nodig hebben. Ze brachten een overvloed van nieuwe planten mee naar het eiland. Sinaasappelen, citroenen, dadels, vijgen, suikerriet, pistachenoten, carobe en de zibibbodruif zijn allemaal door de Moren geïntroduceerd, net als de gewoonte om koffie te drinken. Ze namen ook katoen mee, papyrus om papier mee te maken en moerbeien met zijderupsen voor het spinnen van zijde. Latere overheersers namen weer andere planten mee, met name de Spanjaarden, die aardappelen, tomaten, cactusvruchten en maïs meebrachten uit hun nieuwe wereldrijk.

In het moderne Palermo is het echter de Moorse invloed die het Siciliaanse eten zijn specifieke, eigen karakter geeft. Specerijen en kruiden als kaneel, wilde venkel en munt worden nog steeds algemeen gebruikt. Pijnboompitten worden in veel gerechten gecombineerd met rozijnen. Maar de introductie van een nieuwe en overvloedig aanwezige zoetigheid, suiker, heeft toch wel de grootste impact gehad op de Siciliaanse keuken. In die tijd werden de Sicilianen de zoetekauwen die ze nog steeds zijn.

Boven: Op de markt van Vucciria
Rechts: Bottarga kopen (gedroogde, geperste tonijnkuit)
Volgende pagina's: Overvloedig aanbod op de markt van Ballarò

In azijn ingemaakt voedsel werd gezoet om er *agro-dolce* – zoetzuur – van te maken, zoals bijvoorbeeld het beroemde plaatselijke gerecht caponatina. Marsepein (suiker met amandelen), cassata (met suiker gezoete ricotta) en sorbets (met suiker gezoete vruchtenpuree met sneeuw) zijn typisch Siciliaanse lekkernijen.

Als ik in een nieuwe stad aankom, loop ik graag door de straten om de sfeer te proeven en dan word ik altijd als een postduif aangetrokken tot de boerenmarkten. Op mijn eerste ochtend in Palermo begon ik dus te wandelen door het oude centrum – en je kunt maar beter gaan wandelen, want autorijden is er alleen weggelegd voor de lokale bevolking en heel dappere lieden. Al wandelend werd ik naar de twee beroemde openluchtmarkten getrokken: die aan de Vucciria en die aan de Ballarò, beide dicht bij het centrum van de oude stad.

Hoewel het om de hoek is van Palermo's chicste straten, ligt de Vucciria in een arme wijk. De marktkramen staan aan een klein plein en de straat die erdoorheen loopt. Hoewel het een bescheiden markt is, heeft hij een heel eigen karakter en de uitgestalde producten in de kramen en de specialiteitenwinkeltjes zien er verlokkelijk uit. Die lentemorgen was ik vooral weg van de doosjes kleine, stekelige artisjokken, die je het best rauw in salades kunt eten (ze schijnen in het wild te groeien in de bergen achter Palermo), en bakjes kleine bosaardbeitjes.

Mijn volgende bestemming was Palermo's andere beroemde markt, de Ballarò. Die markt is veel groter dan de Vucciria, ongeveer een kilometer lang langs een aantal straten in een woonwijk. Ook daar zag ik de groentekramen vlammen van de kleuren. Aubergines, artisjokken, tomaten, jonge tuinbonen, asperges en nieuwe aardappelen lagen hoog opgestapeld. Bij de viskramen werden tonijnen op grote marmeren platen in grote rode moten gesneden. Kleinere vissen, zoals sardines en ansjovissen, lagen eromheen en er waren bergen mosselen en zee-egels. Ik werd verleid door kaaskramen die het hele assortiment Siciliaanse kazen verkochten, van gerijpte harde kazen zoals pecorino, tot zachte verse ricotta. Er waren vaten vol olijven en bossen wilde venkel, een plaatselijke favoriet. De markt was druk, lawaaiig en levendig. Je ziet zó waarom de Ballarò geliefd is.

Wat je op geen van beide markten veel ziet, is kant-en-klaar voedsel. Dat is opmerkelijk, want Palermo kent een sterke traditie als het gaat om straatvoedsel. En het ligt voor de hand dat je van het kijken naar al dat lekkers toch trek krijgt. Die ochtend was geen uitzondering, dus ik besloot te gaan lunchen in mijn favoriete restaurant in Palermo, Piccolo Napoli, aan een klein pleintje dicht bij de haven.

Als ik moest generaliseren zou ik zeggen dat het beste eten op Sicilië uit de zee komt. Zoals het plaatselijke spreekwoord luidt: 'Il pesce fresco e re di tavola', een

UOVO di TONNO
BOTTARGA NOSTRANO!
€ 10.00
ETTO
100GRAMMI
LAVORAZIONE ARTIGIANALE!

Ferrandelli

Primizie

€3

Marlene
Val Venosta

TRATTORIA

Piccolo Napoli

di Corona Giuseppe

verse vis is de koning van de tafel. Visrestaurant Piccolo Napoli is een familiebedrijf, waar drie generaties samen werken, van grootmoeder Corona, tot de zonen Giovanni en Pippo en kleinzoon Davide. Onze late lunch bestond uit pasta con ricci (pasta met verse zee-egelkuit), opgedoken door de eigen zee-egelduiker van het restaurant; pasta con inchiostro nero (pasta met zwarte inktvisinkt) en involtini die pesce spada (rolletjes van zwaardvis). Bij het eten werd een lokale witte wijn geschonken en erna kregen we Corona's sterke espresso. (Siciliaanse koffie is meestal maar een vingerdik bodempje in een klein kopje.) Dit was restaurant-eten zoals ik het graag eet, met de beste ingrediënten, gewoon gemaakt met veel zorg en trots, door mensen wier beroep ook hun passie is.

De volgende dag kreeg ik de gelegenheid om een andere kant van het leven in Palermo te ervaren – thuis koken. Ik was uitgenodigd bij Natalia Jung, die in de kustplaats Mondello woont, net buiten Palermo. Mondello ligt aan een grote, mooie baai, met een waaiervormig wit strand. Aan de ene kant staan stenen gebouwen en ligt een kleine vissershaven, aan de andere kant rijst een bergachtig landschap op. Langs het hele strand staan vrolijk gekleurde strandhuisjes en in het midden staat

Boven: Lunchen bij Piccolo Napoli; oma Corona met de koffiemachine
Links: Op de markt van Ballarò

Boven: Natalia bereidt de lunch
Rechts: Strandhuisjes langs het strand van Mondello

een bruidstaart van een gebouw, een negentiende-eeuws casino, gebouwd in het water.

Natalia woont een eindje van het strand in een huis dat net zo kleurrijk is als zijzelf. We begonnen de dag als kennissen en eindigden als beste vriendinnen. Terwijl ik toekeek, bereidde ze twee klassieke Siciliaanse gerechten, een timballo (pasta uit de oven) en een gelo di anguria (watermeloenpudding). Ze waren verrukkelijk en we aten ze zoals de bedoeling is, in haar binnentuin, onder een kleine pergola.

Palermo heeft een levendige straatvoedselcultuur en er zijn heel weinig moderne fastfoodzaken. Traditiegetrouw aten de rijke Sicilianen in hun palazzi en de armen, dus vrijwel iedereen, aan kramen op straat. Het voedsel moest goedkoop zijn en flink vullen. Er waren panelle (kikkererwtenbeignets), crispeddi (gebakken deegbuideltjes met ansjovis, kaas en wilde venkel erin) en arancine (gebakken rijstballetjes met een kaasvulling). Er waren allerlei soorten gebakken deegwaren, gevuld met het goedkoopste vlees – slachtafval zoals milt en darmen. Veel van deze vleeshapjes zijn niet helemaal mijn smaak, maar andere zijn, als ze niet te vet bereid worden, heerlijke snacks.

GIUSEPPE
NATALIE

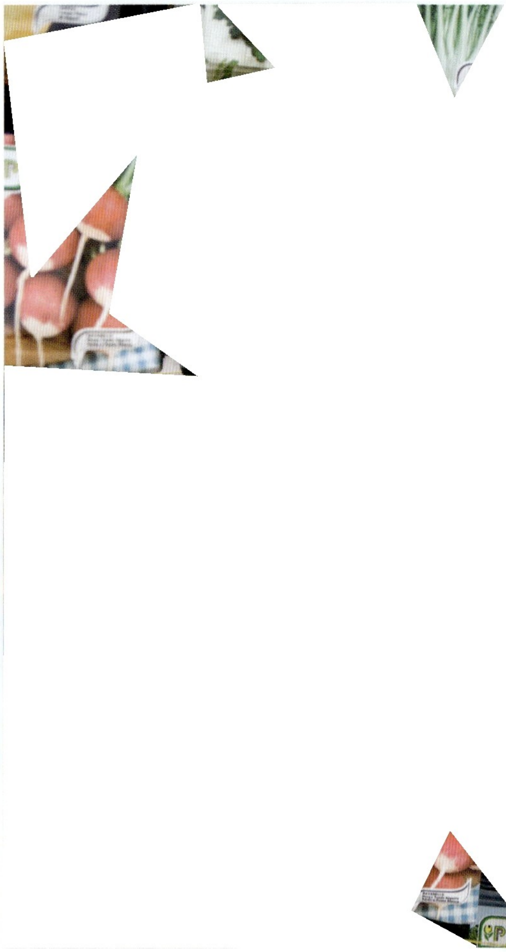

Boven: Op straat in Palermo

Volgens een andere traditie wordt op Sicilië de hoofdmaaltijd van de dag tussen de middag gegeten (het leven staat stil voor de lunch), en dat doet men vaak thuis. De oudere generatie vindt nog steeds dat als je niet thuis eet, je moeder of je vrouw niet goed voor je zorgt. Misschien zijn er daardoor minder restaurants dan je zou verwachten. Wanneer je wel buiten de deur eet, zijn de gerechten uitgesproken Siciliaans: de eigen pastaspecialiteiten, geweldige vis en zeevruchten en goede plaatselijke wijnen. Het is allemaal onderdeel van een sterke traditie, die heerlijk is om te ervaren.

Met mijn recept Arancine krijg je meteen de smaak van Palermo te pakken. Het basisrecept heeft een kaasvulling en ik heb een variatie met inktvisinkt toegevoegd.

Er zijn ook twee groentegerechten, geïnspireerd door mijn bezoek aan de markten – Pomodori Ripieni (gevulde tomaten) en Finocchio al Forno (venkel uit de oven). Ik moest gewoon een visgerecht opnemen en toevallig is de lente het seizoen voor zwaardvis, een van de luxeproducten van Sicilië. En wat is er nu lekkerder dan Involtini die Pesce Spada (gevulde zwaardvisrolletjes)? In dit recept worden ze gevuld met een mengsel dat heel traditionele ingrediënten en aroma's bevat, zoals ansjovis, pijnboompitten en krenten.

En ik neem ook erg graag, met dank aan Natalia, haar klassieke Palermitaanse recepten voor Timballo en Gelo di Anguria op.

Involtini DI PESCE *Spada*

ZWAARDVISROLLETJES

12 zeer dunne, kleine plakjes zwaardvis, vierkantjes van ca. 12 x 12 cm

10 verse laurierblaadjes

2 el extra vergine olijfolie

sap van 1 biologische citroen

zoutvlokken

VULLING

2-3 el extra vergine olijfolie

1 grote rode ui

2 tenen knoflook, geperst

12 ansjovisfilets

1 kleine rode peper, in dunne ringetjes

1 bosje platte peterselie, fijngesneden

3 el vers broodkruim

1 el krenten

2 el pijnboompitten, licht geroosterd

zout en peper

Verwarm de oven voor op 180 °C.

Verhit voor de vulling de olie in een koekenpan en fruit hierin de ui, de knoflook, de ansjovis, de rode peper en de peterselie een paar minuten. Voeg de rest van de ingrediënten toe, roer goed en neem dan van het vuur.

Leg een eetlepel vulling op elk van de zwaardvisplakjes. Rol ze strak op en zet ze vast met een cocktailprikker.

Beboter een ovenschaal waar de involtini precies in passen en leg ze er tegen elkaar aan in. Steek er hier en daar een laurierblaadje tussen en besprenkel met de olijfolie. Zet 20 minuten in de oven. Schenk het citroensap over de rolletjes en breng vlak voor het serveren op smaak met zoutvlokken. Serveer warm of op kamertemperatuur.

Variatie

Je kunt de involtini ook op een spies rijgen, bestrijken met wat olijfolie en roosteren onder de grill of op de barbecue.

Voor 6 personen

Arancine

HARTIGE RIJSTBALLETJES

300 g risotto, overgebleven van een vorige maaltijd

1 grote bol verse mozzarella, in kleine blokjes

2 dikke plakken gekookte ham, fijngesneden

120 g ongebleekte bloem

2 biologische eieren, losgeklopt

240 g vers broodkruim

500 ml zonnebloemolie, om in te bakken

De traditionele Siciliaanse arancine worden gevuld met een mengsel van gehakt, pijnboompitten, krenten, kaneel en tomatenpuree. Dit recept komt van mijn tante (die in Palermo woonde, maar oorspronkelijk uit Lugano in Zwitserland kwam). Zij maakte haar arancine met een vulling van mozzarella en ham; ik denk dat het een soort Noord-Zuidfusion is. Dit gerecht kun je het beste maken met een restje risotto. Gebruik daarvoor arboriorijst, want die kleeft meer dan carnaroli.

Bevochtig je handen met wat water, neem een eetlepel risotto en maak de risotto in je hand voorzichtig plat. Leg een mozzarellablokje en een beetje ham in het midden, vouw de risotto eromheen en vorm het geheel tot een keurig, vast balletje. Voeg nog een beetje risotto toe als dat nodig is om de vulling te bedekken.

Rol de arancine door de bloem en schud de overvloedige bloem eraf. Doop de balletjes in de eieren en paneer ze dan met het broodkruim. Druk de balletjes goed samen in je handen om ervoor te zorgen dat ze stevig en egaal gepaneerd zijn. Leg ze op een plank, klaar om te frituren.

Verhit de olie in een middelgrote pan. Bak de arancine in delen op middelhoog vuur, tot ze goudbruin zijn. Keer ze regelmatig. Laat ze uitlekken op keukenpapier en houd ze warm terwijl je de rest bakt. Serveer meteen.

Variatie

Om zwarte arancine met inktvisinkt te maken, gebruik je risotto gemaakt met visbouillon – je kunt daarvoor een restje van de visbouillon van de Viscouscous (p. 97) gebruiken. Voeg een beetje inktvisinkt aan de risotto toe om hem zwart te kleuren. Volg het recept voor de arancine hierboven en vervang de ham door garnalen.

Voor 15-20 arancine

POMODORI *Ripieni*

GEVULDE TOMATEN

8 stevige, rijpe middelgrote tomaten

50 g boter

60 ml extra vergine olijfolie

1 middelgrote rode ui, gesnipperd

10 ansjovisfilets in olie, uitgelekt en fijngesneden

2 el ingemaakte kappertjes, uitgelekt en gehakt

2 handenvol platte peterselie, gehakt

75 g vers broodkruim

50 g pijnboompitten, geroosterd

2 handenvol vers basilicumblad, gehakt

zout en peper

Verwarm de oven voor op 160 °C.

Snijd met een scherp mes de bovenkant van de tomaten. Als je wilt, kun je de bovenkantjes bewaren om later als dekseltjes weer op de tomaten te leggen. Schep met een lepeltje alleen de zaadjes uit de tomaten en laat de vlezige zaadlijsten heel. Zet de tomaten ondersteboven op een rooster en laat ze 30 minuten uitlekken.

Smelt ondertussen de boter en de helft van de olie in een grote koekenpan en fruit hierin de uisnippers tot ze zacht zijn. Voeg de ansjovisfilets, de kappertjes en de peterselie toe en bak ze een paar minuten. Voeg de rest van de olie en het broodkruim toe en bak nog een paar minuten. Zorg dat het broodkruim niet verbrandt. Voeg de pijnboompitten en het basilicum toe en breng op smaak met zout en peper. Vul de tomaten met dit mengsel en zorg er daarbij voor, dat je het voorzichtig goed in de ruimtes tussen de zaadlijsten duwt. Leg de 'dekseltjes' erop, als je dat wilt, en zet de tomaten op een bakplaat. Bak ze ongeveer een uur in de oven.

De tomaten kunnen warm of koud gegeten worden.

Voor 4 personen

Finocchio al Forno

VENKEL UIT DE OVEN

120 ml extra vergine olijfolie

6 venkelbollen, in vieren (ik geef de voorkeur aan de lange, dunne, mannelijke venkelbollen)

2 rode uien, in vieren

zout en peper naar smaak

1 bosje platte peterselie, fijngesneden

Dit is een heerlijk bijgerecht bij vlees of vis.

Verwarm de oven voor op 200 °C.

Sprenkel twee eetlepels van de olijfolie op de bodem van een ovenschaal. Verdeel de venkel en de ui over de schaal, voeg de rest van de olie toe en schep de groenten om, zodat ze goed met olie bedekt zijn.

Zet 20 minuten in de oven. Schud de schaal af en toe, om te voorkomen dat de groenten aanbakken. Ze moeten licht kleuren.

Neem uit de oven, breng op smaak met zout en peper en roer de peterselie erdoor.

Variatie

Ik vind het soms lekker om 3 eetlepels vers broodkruim en 4 eetlepels versgeraspte Parmigiano over de groenten te strooien voordat ze de oven in gaan.

Voor 4 personen

Timballo di Natalia

NATALIA'S TIMBALLO

TOMATENSAUS

25 g boter

2 el extra vergine olijfolie

1 rode ui, in dunne ringen

2 tenen knoflook, in zeer dunne plakjes

6 verse salieblaadjes

2 takjes verse rozemarijn, zonder houtige steeltjes

2 verse laurierblaadjes

150 g tomatenpuree

400 g Italiaanse tomaten uit blik

zout en peper

500 ml zonnebloemolie, om in te bakken

1 middelgrote aubergine, in kleine blokjes

500 g anellipasta (of een andere kleine pastavorm)

2 el vers broodkruim

1 grote bol verse mozzarella, in kleine blokjes

Voor haar timballo gebruikte Natalia een speciaal soort pasta, anelli, die de vorm van kleine ringetjes heeft. Anelli kun je alleen op Sicilië krijgen, maar je kunt iedere andere kleine pasta gebruiken die je wilt, zoals farfalline, pennette, enzovoort.

Verwarm de oven voor op 200 °C.

Verhit voor de saus de boter en de olie in een grote koekenpan en fruit de ui zachtjes met de knoflook en de kruiden. Zorg ervoor dat de knoflook niet verbrandt. Voeg wanneer de uien zacht zijn de tomatenpuree toe en bak nog een paar minuten, tot het mengsel donker van kleur wordt. Roer de tomaten erdoor en verwarm ongeveer 20 minuten op laag vuur. Verwijder de laurierblaadjes en voeg naar smaak zout en peper toe.

Verhit de zonnebloemolie in een kleine koekenpan en bak hierin in delen de auberginneblokjes tot ze goudbruin zijn. Schep uit de olie en laat uitlekken op keukenpapier.

Kook de pasta in ruim, gezouten kokend water tot hij net al dente is. Laat uitlekken en meng goed met de tomatensaus.

Beboter een ronde ovenschaal met antiaanbaklaag (van 25 cm doorsnede en minstens 8 cm diep) royaal. Strooi het broodkruim over de bodem en tegen de rand van de schaal en schep de helft van de pasta erin. Leg de aubergine en de mozzarella erop en dek af met de rest van de pasta. Zet 15-20 minuten in de oven.

Neem uit de oven en laat de timballo ongeveer 3 minuten staan voordat je hem stort op een groot bord.

Voor 6 personen

Gelo di Anguria

WATERMELOENPUDDING

2 kg rijpe watermeloen
120 g fijne suiker
50 g maïzena
1 el jasmijnwater (zie Noot) (of 1 tl rozenwater)
1 tl gemalen kaneel
50 g pure chocola, geraspt
50 g ongezouten pistachenoten, fijngehakt
jasmijnbloemen of rozenblaadjes (eventueel)

Toen Natalia deze gelo klaarmaakte, garneerde ze hem met gehakte pistachenoten en geraspte chocola, wat prachtig stond op het roze van de watermeloen.

Snijd het vruchtvlees van de watermeloen uit de schil en verwijder alle zaadjes. Pureer het in een blender. Van een watermeloen van 2 kg moet je ongeveer 1 liter puree overhouden.

Roer de suiker, de maïzena en het jasmijnwater (of rozenwater) met een beetje watermeloenpuree tot een glad mengsel. Roer de rest van de watermeloenpuree erdoor en doe het geheel over in een pan. Breng langzaam op laag vuur aan de kook. Verwarm tot de puree gaat binden. Neem de pan van het vuur en roer de kaneel erdoor.

Schenk de gelo in eenpersoonsvormpjes of in een grote vorm, die je bevochtigd hebt met een beetje water. Laat een paar uur of, beter nog, een nacht opstijven in de koelkast.

Maak de gelo voor het serveren los door de vorm een paar seconden in warm water te houden. Keer de pudding op een groot bord en garneer met chocola, gehakte noten en jasmijnbloemetjes of rozenblaadjes.

Noot

Maak jasmijnwater door 10 verse jasmijnbloemetjes een nacht in 60 ml water te laten staan. Zeef het water de volgende dag en gebruik het binnen 24 uur.

Voor 6 personen

Het Palermo VAN DE Gattopardo

Links: Interieur van Palazzo Conte Frederico

LOPEND DOOR DE STRATEN VAN PALERMO KOM JE AF EN TOE EEN GROTE DEUR tegen in een van de hoge muren. Zo'n deur is voorzien van weelderig houtsnijwerk en erboven, in de muur, prijkt een groot, uit steen gehouwen wapen. Meestal is het dan de deur van het palazzo van een van de oude adellijke Siciliaanse families. Soms is de gevel eenvoudig, soms erg indrukwekkend, maar hoe het er van buiten ook uitziet, het is niets vergeleken bij de rijkdom van het interieur. In het verleden was driekwart van de landbouwgrond van Sicilië in bezit van de aristocratie, die er echter liever niet woonde. In plaats daarvan kwamen ze allemaal naar Palermo, waar ze hun grote palazzi bouwden en met elkaar leken te strijden om wie het zijne het met de meeste overdaad kon inrichten.

Dit is het Palermo van de Gattopardo (de luipaard), die zo levendig beschreven is in het boek Il Gattopardo (in het Nederlands vertaald als De tijgerkat) van Giuseppe Tomasi, de Prins van Lampedusa. Hij groeide op in dat wereldje en zag hoe het uit elkaar viel toen het Palazzo Lampedusa vernield werd door bombardementen tijdens de Tweede Wereldoorlog. In de jaren zestig werd Il Gattopardo verfilmd door Lucchino Visconti (uit een familie van Hertogen van Milaan) met Burt Lancaster, Claudia Cardinale en Alain Delon. In de film zit een beroemde scène, die ongeveer veertig minuten duurt, van een bal voor de hogere kringen van Palermo

in een spectaculaire spiegelzaal. Die zaal bevindt zich in het Palazzo Gangi en wordt nog steeds af en toe gebruikt voor grote gelegenheden.

Veel van deze palazzi hebben betere tijden meegemaakt. Sommige zijn ruïnes, andere zijn gekocht door de staat of de plaatselijke overheid, maar er zijn er die nog in bezit zijn en onderhouden worden door nazaten van de oorspronkelijke families. Ik was in de gelegenheid om er één te bezichtigen, het Palazzo Conte Federico, dat nog steeds bewoond wordt door de Conte, de Contessa en hun twee zonen. De Conte komt uit een oude familie die zegt af te stammen van de onwettige lievelingszoon van Frederik II, koning van Sicilië en Duitsland, keizer van het Roomse Rijk (1194-1250). Frederik II, een indrukwekkende figuur in zijn tijd, liet zich graag 'Stupor Mundi' (Wonder van de Wereld) noemen.

We betraden het Palazzo Conte Federico vanuit een smal straatje, door zo'n grote houten deur. Na het beklimmen van een brede trap gingen we op een kleine overloop door weer een houten deur een andere wereld binnen.

De Conte zelf leidde ons rond door het palazzo, onderweg grote luiken openend. We gingen door een reeks aan elkaar grenzende statiekamers, gescheiden door ruime dubbele deuren. De vloeren waren betegeld, sommige gedetailleerd beschilderd,

andere gewoon terracotta. De muren van de grotere kamers waren bespannen met damastzijde, van bleek jadegroen, felblauw of verweerd goud en veel van de gewelfde plafonds waren verguld of uitvoerig beschilderd met fresco's. Aan die hoge plafons hingen tot laag in de kamers kroonluchters van Venetiaans glas. We beseften dat we vanaf de ene kant van het huis niet door alle kamers heen konden kijken tot de andere kant, niet alleen omdat het zo'n grote afstand was, maar ook omdat het palazzo in de lengte een bocht maakte, omdat het langs de oude stadsmuur gebouwd was.

Zoals veel Europese aristocraten moet Conte Federico het palazzo onderhouden van zijn erfenis, dus verhuurt hij de statiekamers voor speciale gelegenheden. Maar ondanks de grandeur is het nog steeds een huis waarin geleefd wordt en dat onderhouden wordt door de oorspronkelijke familie. In één kamer zagen we het bureau van de Contessa in een hoek opgesteld staan. Er hingen familiefoto's aan de muren, naast foto's van de Contessa toen ze jong was, als zwemkampioene. Een andere statige kamer was vernoemd naar Garibaldi, die een familievriend was en wiens portret er aan de muur hing. Daar zagen we ook een grote prijzenkast vol met trofeeën van zwemwedstrijden van de Contessa en van races met klassieke auto's van de Conte. Aan deze kamer grensde de studeerkamer van de Conte, in verhouding

Boven: Ingang naar het Palazzo Conte Frederico
Volgende pagina's: Elegante kamers in het Palazzo Conte Frederico

Boven: Conte Frederico in zijn studeerkamer
Rechts: De oude keuken van het palazzo

klein, met net genoeg ruimte voor een bureau en een stoel. Hier gingen de muren schuil achter boeken en achter foto's van de Conte met grote namen uit de racewereld. Op andere foto's was hij te zien achter het stuur van zijn auto tijdens beroemde racewedstrijden als de Targa Florio van Sicilië. En in een andere aangrenzende kamer, vol met harnassen en banieren, stond een stapel banden voor zijn Fiat uit 1928. Ergens anders, in het oudste deel van het huis, werden we door een middeleeuwse toren geleid met een grote eetzaal en de keuken. De Conte legde uit dat de keukens oorspronkelijk zo hoog mogelijk gebouwd werden, om de eventuele schade door brand aan de rest van het huis te beperken.

Na twee uur genieten van de pracht en praal in het Palazzo Conte Federico bedankten we de Conte en namen we met tegenzin afscheid van hem, maar niet voordat hij ons zijn favoriete restaurant, aan de kust voor bij Mondello, had aangeraden.

Die avond besloten we het Palermo van de Gattopardo verder te verkennen en kochten we kaartjes voor de opera van Palermo, het Teatro Massimo. Iedereen die The Godfather III heeft gezien, zal het Teatro Massimo herkennen als het decor voor de operavoorstelling waarbij de dochter van de Godfather in een dramatische laatste scène buiten op de trap neergeschoten wordt.

L'ARTE RINNOVA I POPOLI E NE RIVE
VANO DELLE SCENE IL DILETTO OVE NON MIRI A PREPARA
MEFISTOFE

We hadden nog tijd voor de voorstelling zou beginnen, dus we wandelden door de nabijgelegen straatjes en over de pleintjes, al nippend aan glaasjes en knabbelend op hapjes van straatkramen, zoals panelle en croque. We kwamen erachter, dat de lokale bevolking niet voor de opera naar deze buurt kwam, maar voor een minder verheven vorm van vermaak. Je kunt er poppenvoorstellingen zien die de legenden uit de Siciliaanse geschiedenis uitbeelden.

In het Teatro Massimo is alles vuurrood en goud. Rijen privéloges boven elkaar, elk met een eigen zitkamertje, kijken neer op de zaal. De gangen zijn betegeld met bleek marmer, de ouvreurs gekleed in lange marineblauwe jassen met rode boorden. Rondkijkend kregen we het gevoel dat de uitvoering van Don Pasquale op het podium een afspiegeling was van het theater van de Palermitaanse society.

De volgende dag gingen we weer naar het Teatro Massimo. We hadden dit keer alleen geen zin in opera, maar in iets heel anders. Achter het operagebouw zit de beroemde Pasticceria Amato, een bescheiden winkelpui met een grote keuken, waar alles op de traditionele manier met de hand wordt gemaakt. Cannoli, zo dun als sigaretten, zijn de specialiteit van het huis. Ze worden verpakt in replica's van negentiende-eeuwse doosjes, bekleed met zilverpapier, waarin ze 48 uur vers blijven.

Boven: Poppen van het lokale poppentheater
Links: Teatro Massimo

Boven: Heerlijkheden van Pasticceria Amato

Andere heerlijkheden zijn brioches, gevuld met huisgemaakt roomijs (een typisch Siciliaans alternatief voor het ijshoorntje), koekjes gevuld met ricotta en bestrooid met pistachenoten en dozen met exotische vruchten van marsepein. De eigenaren, Pina en Franco Boscanno, werken beiden in de winkel, hij in de keuken en zij achter de toonbank. De Pasticceria Amato is een prachtig overblijfsel van het oude Palermo.

De tiende en de elfde eeuw waren de echte gouden eeuwen van Sicilië, maar in de tweede helft van de negentiende eeuw maakte Palermo een renaissance door. Ten westen van de stad werd een grote nieuwe avenue aangelegd, de Viale della Libertà, en een aantal van de oude Siciliaanse families en de 'nieuwe rijken' bouwden daar palazzi, vaak omgeven door mooie tuinen met allerlei exotische bomen en struiken. Palermo werd in die tijd een van de hipste steden van Europa en bezoekers als de toekomstige koning Edward VII, de Duitse keizer en de Russische keizerin-moeder voeren erheen op hun jachten. Tegenwoordig is veel van de oude grandeur verdwenen, vervangen door anonieme hoge woonblokken uit de jaren zeventig van de vorige eeuw, toen iedereen overal maar alles neer kon zetten, zo lijkt het. Zoals de Sicilianen zeggen: 'come era bella una volta' (wat was het ooit toch mooi).

Boven: Het rollen van cornetti in de keuken van Pasticceria Amato

Het diner in die grote huizen was een hele belevenis. Het was in de mode om Franse koks te hebben, die 'monzù' genoemd werden, een verbastering van 'monsieur'. De 'monzù' bereidde wat wij internationale gerechten zouden noemen; het voedsel van de arme plaatselijke bevolking werd ongeschikt geacht voor consumptie. Soms werd een traditioneel gerecht, zoals timballo, verfijnd en geschikt gemaakt om aan de betere tafels te serveren. Hier volgt een beschrijving van een timballo uit De tijgerkat:

'Het gepolijste goud van de korst, de geur van suiker en kaneel die hij uitademde, waren slechts een prelude op de heerlijkheden die vrijkwamen uit het binnenste toen het mes de korst openbrak; eerst kwam er een nevel van specerijen vrij, toen kippenlevers, hardgekookte eieren, repen ham, kip en truffels in bergen gloeiend warme, glanzende macaroni, die door de jus van het vlees een exquise suèdeachtige tint had gekregen.'

De prins van Lampedusa was duidelijk wat men op Sicilië 'una bella forchetta' noemt, letterlijk 'een mooie vork', iemand die dol is op eten.

De adellijke huizen raakten in verval en de 'monzù's' vertrokken, om Palermo's

eerste goede restaurants te beginnen. Ze begonnen meer plaatselijke ingrediënten en recepten te gebruiken, weliswaar met wat meer verfijning. Op deze manier kwam de chique keuken van de adellijke huizen samen met de 'cucina povera' in de gerechten die je tegenwoordig ziet.

De recepten die ik uitgekozen heb voor dit hoofdstuk zijn wat ik me verbeeld dat de 'monzù's' geserveerd zouden kunnen hebben, niet zozeer in de grote huizen van de rijken – want dat zou veel te overdadig zijn voor ons nu – maar in hun eigen restaurants.

Frittella is een verrukkelijk gerecht van gemengde groenten, dat heel lekker is op zichzelf, als lichte maaltijd, maar ook bij vis of vlees. Insalata Pantesca is een salade van aardappelen, kappertjes, uien en tomaten; ziet er kleurig uit en smaakt naar een warme lentedag.

Sarde Beccafico verheft de eenvoudige sardine naar een nieuw niveau van verfijning doordat hij gevuld wordt met Moorse ingrediënten en gevouwen als een pakketje. Involtini con Carciofi zijn kalfsvleesrolletjes gevuld met artisjokken.

Het laatste recept is van het beroemdste gerecht van Sicilië: Cassata. De plaatselijke variant is een taart op basis van ricotta, geen roomijs, en is altijd uitgebreid versierd met marsepein en bedekt met franjes en frutsels. In Palermo zeg je, als je bedoelt dat een vrouw erg mooi is, dat ze 'bella come una cassata' is – zo mooi als een cassata.

Boven: Straten in Palermo
Links: De Botanische tuinen, Palermo

Frittella

JONGE TUINBONEN, ARTISJOKKEN EN DOPERWTEN

3-4 artisjokken

sap van 2 biologische citroenen, gemengd met 1 l water

80 ml extra vergine olijfolie

50 g boter

20 sjalotten, in dunne ringen

400 g gedopte verse tuinbonen, geblancheerd en gepeld

400 g gedopte verse doperwten

zout en peper

½ bosje platte peterselie, fijngesneden

2 takjes wilde venkel, fijngesneden

Dit gerecht kan geserveerd worden als licht voorafje of als bijgerecht bij vleesgerechten zoals Involtini con Carciofi (p.50).

Bereid de artisjokken voor door de buitenste bladeren te verwijderen en er een derde van de bovenkant af te snijden. Snijd de artisjokken in de lengte in parten en leg ze snel in het citroenwater om te voorkomen dat ze verkleuren.

Neem de artisjokken uit het water en droog ze grondig met keukenpapier. Verhit 2 eetlepels van de olie en alle boter in een koekenpan. Voeg de artisjokken en de sjalotten toe en bak ze een paar minuten zachtjes.

Voeg 125 ml water toe aan de pan. Voeg de tuinbonen en doperwten toe en kook ze tot ze net zacht zijn, ongeveer 8 minuten. Breng op smaak met zout en peper en roer de kruiden en de rest van de olijfolie erdoor. Serveer op kamertemperatuur.

Voor 4 personen

Insalata *Pantesca*

AARDAPPEL-TOMATENSALADE

4 middelgrote aardappelen, gekookt, geschild en in stukken

1 kleine rode ui, in heel dunne ringen gesneden

8 rijpe tomaten, in blokjes

12 zwarte of groene olijven zonder pit

30 g ingemaakte kappertjes, uitgelekt en gehakt

1 handvol verse basilicumblaadjes

1 handvol verse oreganoblaadjes

80 ml extra vergine olijfolie

zout en peper

Deze smakelijke salade vormt een heerlijk licht voorafje. Je kunt er makkelijk een maaltijdsalade van maken door er goed uitgelekte tonijn uit blik van goede kwaliteit aan toe te voegen.

Schep alle ingrediënten voorzichtig maar goed door elkaar en serveer met flink veel knapperig brood.

Voor 4 personen

Sarde *Beccafico*

GEVULDE SARDINES OP BECCAFICO WIJZE

700 g verse sardines

15 verse laurierblaadjes

platte peterselie en munt, van elk een handvol, om mee te garneren

VULLING

120-200 ml extra vergine olijfolie

5 ansjovisfilets

100 g vers broodkruim

2 el platte peterselie, fijngesneden

1 el ingemaakte kappertjes, uitgelekt en fijngehakt (eventueel)

3 el krenten

4 el pijnboompitten, geroosterd

rasp en sap van 1 biologische citroen

1 tl suiker

zout en peper

Dit is een perfect gerecht om te maken in de lente, wanneer de sardines vlezig en zacht zijn.

Verwarm de oven voor op 200 °C.

Ontschub de sardines. Trek de koppen eraf – de ruggengraten komen dan vanzelf ook mee – en zorg er daarbij voor dat de staart aan beide filets vast blijft zitten. Spoel ze goed af en laat ze drogen op keukenpapier.

Verhit voor de vulling de helft van de olijfolie in een kleine koekenpan, voeg de ansjovisfilets toe en laat ze onder voortdurend roeren in ongeveer een minuut smelten. Voeg het broodkruim toe en bak nog een minuut. Voeg dan de peterselie toe, roer goed en neem van het vuur.

Roer er de kappertjes, krenten, pijnboompitten, citroenrasp (bewaar het sap voor later), suiker en een beetje zout en peper door.

Leg de sardines opengevouwen op een vlak werkblad. Verdeel een theelepel vulling over de lengte van ieder visje. Vouw de filets tegen elkaar en maak ze vast met 2 cocktailprikkers.

Beboter een ovenschaal van ongeveer 18 x 30 cm. Leg de sardines stevig tegen elkaar aan in de schaal, om te voorkomen dat ze openvallen. Steek de laurierblaadjes ertussen en strooi eventueel overgebleven vulling erover. Besprenkel met de rest van de olijfolie en zet 15 minuten in de oven, tot de bovenkant goudbruin is. Neem uit de oven en schenk het citroensap erover. Garneer vlak voor het serveren met de verse kruiden. Je kunt dit gerecht warm of koud serveren, maar ik vind het op kamertemperatuur het lekkerst.

Voor 4 personen

Involtini con Carciofi

Kalfsvleesrolletjes met artisjokken

600 g kalfslende
80 g Italiaanse prosciutto (rauwe ham), in kleine blokjes
90 g boter op kamertemperatuur
sap van ½ biologische citroen
2 artisjokken
60 g ongebleekte bloem
80 ml extra vergine olijfolie
verse salieblaadjes
150 ml droge witte wijn
zout en peper

Ik serveer deze involtini graag met Prei-aardappelgratin (p.186).

Snijd het kalfsvlees in 8 dunne plakken en dep ze droog op keukenpapier.

Roer de prosciutto door de zachte boter.

Breng een pan gezouten water aan de kook en voeg het citroensap toe. Bereid de artisjokken voor door de stelen en de buitenste bladeren te verwijderen en er van de bovenkant een derde af te snijden. Leg ze in het kokende water en kook ze 2 minuten. Neem ze uit het water en laat ze ondersteboven op een rooster uitlekken. Snijd ze, als ze genoeg afgekoeld zijn om te kunnen hanteren, ieder in 8 plakjes. Verwijder daarbij zo nodig harige stukjes 'hooi'.

Bestrijk ieder plakje vlees met wat van het botermengsel en leg er steeds 2 plakjes artisjok op. Rol het vlees strak op en maak het vast met cocktailprikkers of keukentouw.

Rol de involtini door de bloem.

Verhit de olijfolie in een grote koekenpan en voeg de salieblaadjes en de kalfsrolletjes toe. Draai ze rond in de olie, zodat ze rondom bruin worden. Voeg de wijn toe en roer goed over de bodem, om alle lekkere aanbaksels van de bodem los te maken. Breng op smaak met zout en peper. Dek de pan af en laat op zeer laag vuur 10-15 minuten sudderen. Voeg zo nodig een beetje wijn toe.

Voor 4 personen

Cassata *Siciliana*

MARIA'S CAKE

3 biologische eieren

120 g fijne suiker

150 g zelfrijzend bakmeel

1 tl bakpoeder

snufje zout

rasp van 1 biologische citroen

2 el heet water

RICOTTAVULLING

800 g verse ricotta

300 g fijne suiker

3 el goede marsala

100 g pure chocola, in kleine stukjes

100 g gekonfijte vruchten (eventueel)

MARSEPEIN

200 g gemalen amandelen

200 g poedersuiker

2 tl oranjebloesem- of rozenwater

1 druppel groene voedingskleurstof

ongeveer 50 ml water

GARNERING

gekonfijte vruchten (eventueel)

gesmolten witte of pure chocola (eventueel)

Verwarm de oven voor op 180 °C. Bekleed een rechthoekige bakvorm van ongeveer 30 x 20 cm met bakpapier en beboter het papier royaal. Klop voor de cake de eieren tot ze lichtgeel en luchtig zijn en voeg de suiker al kloppend geleidelijk toe. Roer het bakmeel, het bakpoeder, het zout en de citroenrasp er langzaam door, gevolgd door het water. Schenk het beslag in de bakvorm. Bak de cake ongeveer 8 minuten, tot hij stevig aanvoelt.

Neem uit de oven en laat een paar minuten in de bakvorm afkoelen voordat je de cake stort op een rooster. Snijd de cake wanneer hij volledig afgekoeld is horizontaal in 2 dunne plakken. Snijd hieruit 2 cirkels met een doorsnede van 21 cm en snijd wat overblijft in brede stroken.

Bekleed de bodem en de randen van een springvorm met een doorsnede van 22 cm met bakpapier. Leg een cakecirkel op de bodem van de springvorm en bekleed de randen met de cakestroken. Leg de stroken tegen elkaar aan, zonder tussenruimtes.

Maak de ricottavulling door de ricotta met de suiker en de marsala glad te kloppen. Spatel de chocola en de gekonfijte vruchten (als je die gebruikt) erdoor. Schep de vulling in de met cake beklede springvorm. Leg de andere cakecirkel erbovenop en druk licht aan. Zet een paar uur of, nog beter, een nacht in de koelkast.

Maak de marsepein door de gemalen amandelen, de poedersuiker, het bloemenwater en de voedselkleurstof te mengen. Voeg net genoeg water toe om er een stijve pasta van te maken. Rol de marsepein uit tot een dikte van 1 cm. Keer de cassata boven een groot bord en bekleed hem met de marsepein. Garneer met nog wat gekonfijte vruchten of patronen van gesmolten chocola.

Voor 6 personen

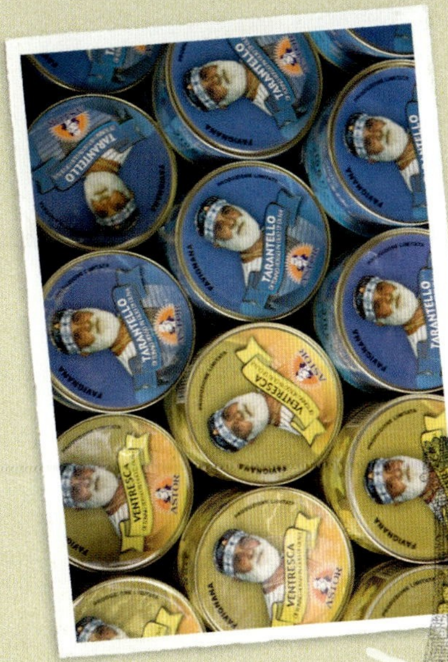

De tonijn *Kust*

AL EEUWENLANG VOLTREKT ZICH AAN DE NOORDWESTKUST VAN SICILIË EEN uitzonderlijk natuurfenomeen. Eind mei, begin juni komen grote scholen tonijnen uit de Atlantische Oceaan naar hun paaigebieden in de Middellandse Zee. Onderweg komen ze vlak langs de Egadische eilanden, waarna ze dicht langs de kust van Sicilië in de richting van Palermo en de wateren daarachter gaan.

Je kunt je makkelijk voorstellen dat mensen, al zolang ze die tonijnen zo vlak langs zien zwemmen, ervan dromen om ze allemaal te vangen. In het begin gingen ze vanaf de stranden en de havens met kleine bootjes de zee op om de vissen met lange lijnen te vangen. Met de komst van de Moren, werd er een nieuwe techniek geïntroduceerd, die de tonijnvangst sterk deed toenemen en er een echte industrie van maakte. Er werden enorme netten in zee gelegd, verankerd aan de bodem en verspreid in een groot vleugelpatroon, dat de vissen tijdens hun trek naar een centraal punt leidde. Op het moment dat het hoofd van de vissers (nog steeds aangeduid met de Moorse benaming 'ras') het juist achtte, werden de netten aangehaald en de vis opgesloten in een klein stukje zee. Daar vond dan de mattanza plaats: het massaritueel van het vangen en doden van de tonijnen. De mattanza is nu al honder-

Links: De Kursaal tonnara aan de kust van Palermo

den jaren een van de grootste jaarlijkse evenementen van het leven aan deze kust.

Langs de noordwestkust van Sicilië staan veel typische stenen gebouwen en torens, die *tonnare* genoemd worden. Het zijn visbases vanwaaruit de mattanza bediend werd. Traditioneel hoort er een boothuis bij voor de lange roeiboten en de netten, een fabriek waar de vis verwerkt werd en een uitkijktoren om de vissers te alarmeren wanneer de tonijnen eraan kwamen. De torens werden altijd in elkaars zicht gebouwd, zodat men signalen kon uitwisselen. Veel ervan werden ook gebruikt om elkaar te waarschuwen tegen stropende piraten van de Berberkust van Noord-Afrika.

Hoewel de tonnare langs de hele noordwestkust te vinden zijn, heeft de mattanza zich altijd geconcentreerd op Favignana, een van de Egadische eilanden, en Trapani op Sicilië. Hier komen de tonijnen tijdens hun trek het eerst echt dicht langs de kust. In het begin van de negentiende eeuw werd de eerste conservenfabriek opgericht op Favignana en werd tonijn van Sicilië geëxporteerd over de hele wereld. Net ten zuiden van Trapani bevinden zich uitgestrekte zoutpannen. De beschikbaarheid van zout is van oudsher belangrijk, omdat daarmee de tonijn geconserveerd kon worden en langer verkocht kon worden dan alleen vers tijdens het tonijnseizoen.

Boven: Een tonnara bij Palermo
Rechts: Tonnara in Mondello

TONNO SALAT
NINO CASTIGLIONE
SAN CUSUMANO

Wij bezochten Favignana op een heerlijke lentemorgen – het hele eiland is zo'n beetje gewijd aan de tonijnvisserij. In de haven bewonderden we de oude boothuizen en de fabriek van een enorme tonnara. Dit, hoorden we, was het bedrijf van de plaatselijke familie Florio, die in de negentiende eeuw de conservenindustrie hier opzette. Hun huis bij de haven, de gotische Villa Florio, wordt op dit moment gerestaureerd. In het stadje zelf vonden we vele winkels gewijd aan de tonijnproductie, waar alles werd verkocht, van gerookte en gezouten tonijn tot tonijn in blik en in olie. We zagen zelfs tonijnkuit, die gedroogd was tot de beroemde *bottarga*. We ontdekten dat er verschil is tussen tonijn die gevangen is tijdens de mattanza en tonijn die 'volante' (buiten seizoen) gevangen is. Tonijn uit de mattanza verdient uiteraard de voorkeur. Ons werd verteld dat het beste stuk van de tonijn het buikvlees is. Er zijn heel veel vissers in Favignana. De stadspleinen zitten vol mannen met de verweerde gezichten van oude zeevaarders. Tonijn wordt er dan wel niet meer in grote hoeveelheden gevangen, maar op Favignana worden de tradities in ere gehouden.

Tijdens de boottocht terug naar Trapani zagen we ten zuiden van de stad iets ongebruikelijks – de silhouetten van windmolens, hun wieken draaiend in de zeebries. Deze werkende windmolens staan dicht bij de zoutpannen, die nog steeds in

gebruik zijn. De zoutpannen liggen langs de rand van een ondiepe lagune tussen het eiland Mozia, een oude Carthaagse nederzetting, en het vasteland. Een ingewikkeld sluizensysteem beheerst het vollopen van de baaitjes, waar men het water in de zomermaanden laat staan tot het verdampt is. Het zout wordt tegenwoordig niet meer gebruikt om de tonijn mee te conserveren, maar verkocht als exclusief natuurproduct.

Van zee aankomen in de drukke haven van Trapani is de beste manier om de stad echt te proeven. Veerboten en vissersboten vertrekken richting de Egadische eilanden en Pantelleria in het westen, richting Sardinië in het noorden en richting de Afrikaanse kust in het zuiden. Trapani zelf heeft ook een Noord-Afrikaanse sfeer. Misschien komt het door de Moorse invloed en de lichte kleur van gebleekt zand van de gebouwen; wellicht door de borden op de zeewering met de vertrektijden van de veerboten naar Tunesië. De Moorse invloed is ook terug te vinden in het eten. We vonden het erg leuk om te horen dat de specialiteit van Trapani couscous is, griesmeelkorrels van harde durum tarwe, die gestoomd worden boven een geurige bouillon. In Noord-Afrika wordt couscous geserveerd bij vlees (lam of geit) maar in Trapani bij vis.

Boven en links: De haven van Favignana; lange mattanzaboten (linksboven)

Die avond aten we bij Ai Lumi, een restaurant en wijnbar in de hoofdstraat. De wijnen waren uitzonderlijk, waarbij de eerste drie bladzijden van de kaart helemaal gewijd waren aan plaatselijke wijnen – allemaal per glas verkrijgbaar. De nabijgelegen wijngaarden liggen in de licht hellende binnenlanden achter de zee, de witte wijnen worden verbouwd in de dalen en de rode op de heuvels, en we waren verheugd dat we beide konden proeven. Natuurlijk hebben we ook een aantal van de tonijngerechten geprobeerd. Een van mijn favorieten, tonno ammarinato, was er een om te onthouden, gemaakt met uien, gekookt in azijn. Om de maaltijd af te sluiten namen we twee *digestivi*. De eerste kwam uit het nabijgelegen stadje Marsala. Het was in feite niet een echte marsalawijn, want het alcoholpercentage was te laag (19,5 procent in plaats van 20 procent), maar deze wijn was volgens hetzelfde procedé gemaakt. Hij was droog en geurig en helemaal perfect bij een zoet nagerecht als cassata. We proefden ook Passito, een zoete wijn gemaakt van de zibibbodruiven van het eiland Pantelleria dicht bij de westkust. Hij was vol van smaak en rozijnachtig en paste geweldig goed bij de ricottataart.

Hoewel de tonijnvisserij en de tonijnverwerkende industrie dit deel van Sicilië nog steeds beheersen, is de vangst een fractie van wat ze was, vooral omdat de vissen

Links: Windmolens bij de zoutpannen, Trapani
Volgende pagina's: De tonnara van Scopello; de baai en omgeving

Boven: Claudio en ik genieten van een aperitief bij de Kursaal tonnara
Rechts: De Kursaal tonnara bij schemering

tegenwoordig gevangen worden door vloten van industriële afmetingen voordat ze de haven van Favignana bereiken. De kleine boten varen nog steeds uit om netten uit te zetten – ik heb dat tijdens mijn bezoek gezien – en de mattanza vindt nog steeds plaats. Maar langs de rest van de kust zijn bijna alle tonnare gesloten. Alleen de oude stenen boothuizen en de uitkijktorens op hun strategische posten langs het water blijven over.

We hebben er één bezocht tijdens een uitstapje naar het kleine kustdorp Scopello. Er staat daar een prachtige tonnara die niet meer in gebruik is, aan een kleine baai met kalkstenen rotsen die oprijzen uit het water en uitkijktorens op de zeeweringen. De hellingen achter de baai waren helemaal begroeid met brem, cistusroos, valeriaan, wilde peen, acanthus en enorme kaardenbollen. We aten er een eenvoudige lunch met vis in een restaurant dat hoog boven de zee uitkeek, te midden van een groot gezelschap dat de communie van twee kleine jongetjes vierde.

Op een andere avond reden we vanuit Palermo naar een oude tonnara in de buurt van het stadje Mondello. Deze Kursaal Tonnara is van Alberto Coppola, die ook een oud gebouw in de stadsmuur van Palermo prachtig heeft verbouwd tot een bekend restaurant met boekwinkel. Alberto heeft nu weer zoiets bijzonders gedaan met zijn tonnara. Het oudste gedeelte van het gebouw dateert uit de veertiende

eeuw en werd gebruikt tot 1953. De Kursaal Tonnara ligt vlak aan het water en Alberto heeft een heel mooie tuin aangelegd binnen de muren. Er is ook een restaurant met een heerlijk uitzicht over zee. Daar hebben we genoten van zijn gastvrijheid tot de zon op de late lenteavond onderging.

Als je denkt over het opnemen van gerechten van de tonijnkust is het enige probleem dat je moet kiezen welke. Op Sicilië wordt tonijn op zo veel verschillende manier klaargemaakt! En de meeste zijn verrukkelijk. Mijn eerste keus is Finissima di Tonno, een gerecht van heel dun gesneden rauwe tonijn met gefrituurde kappertjes erover. Kappertjes zijn ook een Siciliaanse specialiteit, ze komen van de eilanden Pantelleria en Salina.

Verder is er een recept voor Pâté di Tonno. Je zult die niet in Trapani vinden – het is een creatie van mijn grootvader. Hij had een beroemd restaurant in Lugano in het zuiden van Zwitserland. Dit is een gerecht dat hij bedacht in oorlogstijd, toen het voedsel op rantsoen was (hoewel het in alle tijden uitzonderlijk lekker is). Tonijn uit blik heeft een heel andere smaak dan verse tonijn, maar ik vind dat je dat gegeven juist moet omarmen. Je laat prosciutto toch ook niet staan omdat het niet smaakt als vers varkensvlees. Tonijn kan natuurlijk ook geconserveerd worden in olie. Ik heb een recept opgenomen voor Tonno sott'Olio gemaakt van tonijn uit blik.

Twee van mijn andere favorieten zijn Tonno al Forno, tonijn uit de oven, en mijn versie van de Tonno Ammarinato die we bij Ai Lumi aten.

Ten slotte is er, ter afsluiting, Torta di Ornella, gemaakt met amandelen en citroen, heerlijk met een glas Passito di Pantelleria.

Links: Een oude foto van mattanza
Boven: Claudio en Michele bewonderen het uitzicht

Finissima di Tonno

TONIJNCARPACCIO

1 vierkante lap met zijden van 25 cm roomboterbladerdeeg van goede kwaliteit

zeezoutvlokken

6 tl ingemaakte kappertjes, uitgelekt

200-300 ml zonnebloemolie om in te bakken

250-300 g tonijn van sashimikwaliteit

extra vergine olijfolie

biologisch citroensap

1 kleine rode peper, in zeer dunne ringetjes (eventueel)

Dit is een van de eenvoudigste gerechten om te maken en het is heerlijk als licht voorgerecht of als onderdeel van een antipasto. Vraag je visboer om de sashimitonijn zo dun mogelijk voor je te snijden. Reken op 3-4 dunne plakjes per persoon.

Verwarm de oven voor op 180 °C.

Snijd de lap bladerdeeg in 6 even grote rechthoeken. Kerf het oppervlak met een scherp mes diagonaal een paar keer in en bestrooi met een paar zoutvlokken. Zet 6 minuten in de oven, of tot het deeg goudbruin is.

Verhit de zonnebloemolie in een kleine pan tot de olie heet is. Bak de kappertjes tot ze knapperig zijn, schep ze uit de olie en laat ze uitlekken op keukenpapier.

Verdeel vlak voor het serveren 3-4 plakjes tonijn over ieder deegbodempje. Besprenkel ze met een beetje olijfolie en citroensap en strooi er dan de kappertjes en eventueel de rode peper over. Zout is niet nodig, omdat de kappertjes zout genoeg zijn.

Voor 6 personen

Pâté di Tonno

TONIJNPATÉ

400 g tonijn in olie uit blik
200 g boter, in kleine blokjes
3 el extra vergine olijfolie
1 grote rode ui, gesnipperd
3 tenen knoflook, in plakjes
10 verse salieblaadjes
20 ansjovisfilets in olie, uitgelekt
150 ml halfdroge marsala
1 middelgrote aardappel, gekookt, geschild en in blokjes
zout en versgemalen zwarte peper

Dit is een variatie op de tonijnpaté die mijn grootvader maakte, die verscheen in mijn boek Under the Olive Tree. *De versie hieronder is door mijn moeder speciaal voor grote gezelschappen aangepast. De aardappel maakt de paté lichter – en het wordt meer!*

Laat de tonijn uitlekken. Schep de uitgelekte tonijn in een keukenmachine.

Verhit ongeveer 50 gram van de boter met de olijfolie in een koekenpan. Voeg de ui, de knoflook en de salieblaadjes toe en fruit ze een paar minuten zachtjes. Voeg de ansjovisfilets toe en laat ze smelten. Schenk de marsala erbij en roer tot de wijn verdampt is. Neem de pan van het vuur en voeg de rest van de boter toe. Laat zo staan tot de boter gesmolten is.

Voeg de aardappel en het uimengsel toe aan de tonijn en maal alles in ongeveer 5 minuten tot een gladde, bleke puree. Voeg naar smaak zout en peper toe. Doe over in een mooie kom en laat opstijven in de koelkast.

Voor 6 personen

Tonno sott'Olio

TONIJN IN OLIE

400 g tonijn in olie uit blik, uitgelekt

50 g ongezouten pistachenoten, geroosterd en grof gehakt

25 g ingemaakte kappertjes, uitgelekt

6-8 augurkjes, uitgelekt en in blokjes

125 ml extra vergine olijfolie

Dit is heerlijk als stuzzichino *met drankjes, of als onderdeel van een antipasto.*

Meng in een kom alle ingrediënten losjes met een vork. Ik vind het lekker als het een beetje grof blijft. Serveer met knapperig zuurdesembrood.

Voor 4-6 personen

Tonno al Forno

TONIJN UIT DE OVEN

2 tonijnsteaks van elk 300 g, ca. 1 cm dik

sap van 1 biologische citroen

zoutvlokken

125 ml extra vergine olijfolie

110 g ingemaakte kappertjes, uitgelekt en fijngehakt

½ bosje platte peterselie, fijngesneden

3 tenen knoflook, grof gehakt

500 g vastkokende aardappelen, kort gekookt, geschild en grof geraspt

250 g rode uien, gepeld en grof geraspt

zout en peper

verse oreganoblaadjes

Verwarm de oven voor op 200 °C.

Dep de tonijnsteaks droog met keukenpapier en leg ze in een ondiepe schaal. Sprenkel er 2 eetlepels van het citroensap over en bestrooi ze met een paar zoutvlokken. Laat 15 minuten zo staan.

Meng de rest van het citroensap met de olie, de kappertjes, de peterselie en de knoflook. Voeg de aardappelen en de ui toe en spatel alles goed door elkaar met een houten lepel. Breng licht op smaak met zout en peper.

Vet een ovenschaal, die net groot genoeg is voor de tonijnsteaks, licht in met olie.

Schep de helft van het aardappelmengsel in de ovenschaal en leg de tonijnsteaks erop en bedek ze met de rest van het aardappelmengsel. Zet 35 minuten in de oven tot de bovenkant goudbruin is. De tonijn moet gaar zijn, maar nog wel sappig.

Bestrooi met de oreganoblaadjes en serveer heet in de ovenschaal.

Voor 4-6 personen

Tonno *Ammarinato*

ZOETZURE TONIJN

1 kg verse tonijn, in steaks van ongeveer 2 cm dik

50 g boter

80 ml extra vergine olijfolie

2 grote rode uien, in dunne ringen

1 tl fijne suiker

60 ml rodewijnazijn van goede kwaliteit

1 bosje platte peterselie, fijngesneden

zout en peper

Snijd de tonijnsteaks met een scherp mes in blokjes van 2 x 3 cm. Verhit de boter en de olie in een grote koekenpan. Voeg de uien toe en fruit ze op laag vuur tot ze zacht en doorschijnend zijn. Draai het vuur naar middelhoog, voeg de suiker toe en bak die een paar minuten mee. Schuif de uien naar de rand van de pan en leg de stukken tonijn in het midden. Bak kort, tot de tonijn rondom lichtbruin is. Voeg de azijn toe en verhit tot die verdampt is. Roer de peterselie er voorzichtig door en neem de pan van het vuur. Dek de pan af en laat een paar minuten staan, zodat de smaken zich kunnen ontwikkelen. Voeg voor het serveren naar smaak zout en peper toe.

Voor 6 personen

Torta *Ornella*

RICOTTATAART MET AMANDELEN EN CITROEN

250 g boter op kamertemperatuur
250 g fijne suiker
6 biologische eieren, gesplitst
250 g amandelen, geroosterd en gemalen
70 g zelfrijzend bakmeel
snufje zout
rasp van 5 biologische citroenen en sap van 4
400 g verse ricotta

Verwarm de oven voor op 180 °C. Beboter een bakvorm met een doorsnede van 25 cm.

Klop de boter en de suiker met een mixer tot een licht en luchtig mengsel. Voeg al kloppend een voor een de eidooiers toe, tot ze opgenomen zijn.

Meng de gemalen amandelen met het bakmeel, het zout en de citroenrasp. Spatel dit door het beslag.

Klop het citroensap met de ricotta tot een licht en luchtig mengsel. Spatel dit door het beslag.

Klop de eiwitten tot ze zachte pieken vormen. Spatel ze voorzichtig door het beslag.

Doe het beslag over in de bakvorm en zet die 50 minuten in de oven. Controleer of de cake gaar is door er een satéprikker in te steken. Als hij er schoon uitkomt, is het goed. Neem de cake uit de oven en laat afkoelen op een rooster. De cake blijft een paar dagen lekker en fris.

Voor 6-8 personen

Het vruchtbare *Westen*

Links: Wijnstokken buiten Marsala

DE KUSTVLAKTES VAN WESTELIJK SICILIË TUSSEN TRAPANI EN MARSALA BARSTEN bijna van de goedverzorgde landbouw. Dicht bij de zee zijn er wijngaarden en olijfboomgaarden, en meer landinwaarts staan de valleien vol met tarwe, carobe en meer druiven en olijfbomen. Als je in de lente door deze heuvels rijdt, kun je je voorstellen waarom Sicilië door de eeuwen heen zo'n magneet is geweest voor invallers. Het is het toonbeeld van vruchtbaarheid en productiviteit.

Dit gebied staat bekend om zijn olijfolieproductie. Gezegd moet worden dat de Siciliaanse olijfolie geen eenduidige reputatie heeft. In sommige gebieden leveren grote coöperaties met matige landbouw- en perstechnieken een heel gemiddeld product. Recentelijk is een aantal producenten echter begonnen met het maken van uitzonderlijke olie, door zeer strenge kwaliteitscontrole te gebruiken en veel aandacht voor details te hebben.

Een bepaalde olie van een boerderij dicht bij Trapani had hoge beoordelingen gekregen bij blinde proeverijen, dus besloot ik ernaartoe te gaan. De olie heet Titone, naar de achternaam van de vader en dochter die het bedrijf bezitten en leiden. Titone wordt biologisch geproduceerd, hetgeen maar weer eens laat zien dat je echt op zoek moet gaan naar biologische producten, niet alleen omdat ze gezond zijn maar ook omdat ze zo lekker zijn.

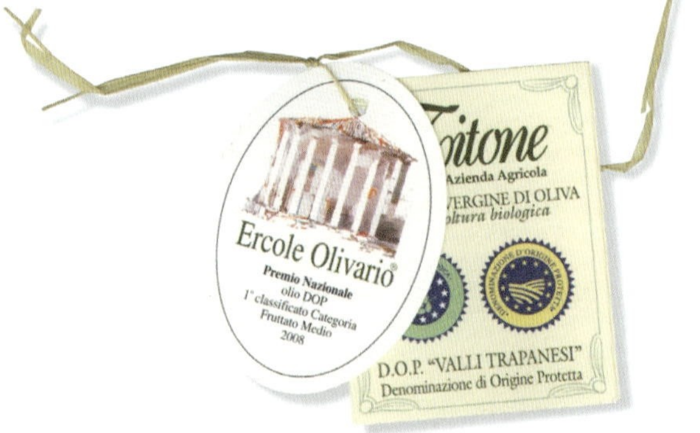

Boven: In de Titone olijfgaard; dr Antonella en Nicola Titone (rechts)

De Titones zijn apothekers in Marsala sinds 1837 en vertellen met trots dat Garibaldi tot hun eerste klanten behoorde. De huidige patriarch, dr. Nicola Titone, en zijn dochter, dr. Antonella Titone zijn beiden apotheker en hun technische kennis heeft hen in staat gesteld om manieren te vinden om ongedierte als de olijfvlieg op een natuurlijke manier uit hun boomgaarden te weren. De aandacht van de Titones voor biologische kwaliteit is overal merkbaar. Noch de olijfbomen, noch de grond eromheen worden bespoten, de olijven worden op precies het juiste moment met de hand geplukt en de productieruimte is zo netjes en schoon als een zuivelbedrijf. De olie wordt gemengd, zodat hij ieder jaar ongeveer hetzelfde is. Hij is groen en grasachtig, licht scherp met een vleugje peper en een hele neus heerlijke geuren.

Wij hebben de Titone-olijfolie op de best mogelijke manier geproefd – gesprenkeld over een vers, knapperig, plaatselijk brood, bestrooid met wat zout (misschien van de nabijgelegen zoutpannen) en met een rijpe tomaat en een paar basilicumblaadjes erop. Het was sensationeel. Ter afsluiting kregen we ieder een cannoli met een lichte ricottavulling, vers van de plaatselijke bakker. Dit was een van de meest gedenkwaardige maaltijden die we op Sicilië gehad hebben.

Na de lunch gingen we langs de kust richting Marsala, waar we logeerden bij een agriturismo, een landelijk bed & breakfast. Je kunt dit soort familiebedrijfjes overal op Sicilië vinden. Het bed & breakfast is meestal een nevenactiviteit naast het boerenbedrijf. Als je er logeert, is het net alsof je onderdeel bent van de familie. En omdat het boeren zijn, heb je het bijkomende voordeel dat ze je alles kunnen vertellen over de plaatselijke producten. Hoewel sommige agriturismi alleen bed & breakfast bieden, zullen vele ook avondmaaltijden aanbieden. Een aantal van de lekkerste diners die we op Sicilië hebben gegeten, waren in agriturismi.

De agriturismo waar we verbleven, heet Baglio Vajarassa en wordt geleid door Nardino Argate. Vanuit onze kamer op de bovenste verdieping hadden we zicht op een wijngaard die zo dicht bij de zee was aangelegd, dat de wijnstokken laag afgesnoeid moesten worden om te voorkomen dat ze besproeid werden met zout water. Erachter konden we een ondiepe baai zien met het eiland Mozia in de verte. Aan één kant konden we de windmolens van de nabijgelegen zoutpannen zien en achter het twee verdiepingen hoge huis lag een binnenplaats met bomen voor schaduw – de ideale plek voor een borrel en een diner op warme avonden.

Boven: Straatleven, Marsala

Nardino had beloofd dat hij zijn viscouscous voor me zou maken en dat is wat we die avond aten. De couscous zelf werd gestoomd boven visbouillon en ging vergezeld met een schaal kleine visjes, versgevangen in de baai. Met een plaatselijke wijn en een glas marsala ter afsluiting was de maaltijd precies zoals een lokale maaltijd moet zijn.

De volgende dag reden we naar de stad Marsala om daar een bezoek te brengen aan de kelders van Florio, de grootste producent van marsala. De stad wordt omgeven door oude muren en is goed onderhouden en verzorgd. De zandkleurige stenen gebouwen en straten geven de stad een heel eigen karakter. Tijdens ons bezoek leerden we dat de stad een bijzondere recente geschiedenis heeft – hier kwam Garibaldi aan land toen hij zijn succesvolle veldtocht begon om Sicilië te winnen voor het pas verenigde Italië. Dat wordt overal gevierd.

De geschiedenis van de marsala is ook fascinerend. Net als port, sherry en bordeaux is marsala ook een wijn die in het buitenland ontwikkeld werd voor de Engelse markt. Marsala werd gemaakt door een ondernemende Engelsman die John Woodhouse heette, die de lokale wijn sterker wilde maken, zodat hij beter bewaard

bleef tijdens de export. Hij had het geluk dat de Britse vloot in de Middellandse Zee, aangevoerd door admiraal Lord Nelson, verstoken was van wijn uit Spanje vanwege de oorlog die woedde. Daarom bestelden ze 500 fusten (ongeveer 210.000 liter) marsala van Woodhouse en de Engelse zeelieden kregen snel de smaak te pakken.

Lord Nelson behaalde daarna natuurlijk beroemde overwinningen, had een scandaleuze affaire met Emma Hamilton, de vrouw van de Britse ambassadeur aan het hof van Napels en werd uiteindelijk beloond voor het verslaan van Napoleon met de Siciliaanse titel van Hertog van Bronte en uitgestrekte landgoederen dicht bij de Etna.

Een andere Engels handelaar, Benjamin Ingham, ontwikkelde technieken die de kwaliteit van de marsala enorm verbeterden. De wijn werd heel populair in Engeland en werd uiteindelijk overal ter wereld verkocht. Woodhouse keerde terug naar Engeland, maar Ingham en zijn neven en erfgenamen, de Whittakers, maakten fortuin in Palermo en Rome en bouwden er hun palazzi.

De bedrijven van Woodhouse en Ingham gingen vervolgens op in het Siciliaanse Florio en zijn kortgeleden overgenomen door een internationaal drankconglome-

Boven: Cantina Florio

Boven en rechts: In de kelders van Cantina Florio

raat. Tegenwoordig wordt de wijn geproduceerd in de Cantina Florio, op een groot ommuurd terrein aan zee, net buiten Marsala. In moeilijke tijden, en daar lijken er veel van te zijn geweest, trokken de Woodhouses, de Inghams, de Whittakers en de Florio's zich terug in hun ommuurde palazzi, om in veiligheid af te wachten tot het gevaar buiten geweken was.

Marsala wordt nog steeds gemaakt met de soleramethode, volgens technieken die Ingham ontwikkelde. Het is de manier waarop ook sherry wordt gemaakt, en zo is Ingham er ook opgekomen. Een hoeveelheid oude wijn wordt gebruikt om de fermentatie van nieuwe wijn in de fusten op gang te brengen en zo blijven de beroemde gisten voortleven in alle volgende generaties wijn. Het proces kan meerdere keren herhaald worden – de marsala-achtige digestivo die wij zo lekker vonden na ons diner in Trapani was het resultaat van twintig herhalingen.

De cantina's, ofwel bovengrondse kelders zijn zo op de wind gericht dat ze door een zeebriesje gekoeld worden. Verdere koeling komt van een zeewaterbassin vlak onder de harde, gele lemen vloer. Luchtvochtigheid wordt gezien als belangrijk voor de groei van de gisten en schimmels die de wijn helpen ontwikkelen.

In de cantina ligt de wijn in enorme eikenhouten vaten te rijpen. In het kleine museum naast de cantina is het originele contract tussen Nelson en Woodhouse te zien (gedateerd 18 maart 1800), net als flessen marsala uit 1868, het jaar dat Garibaldi zijn veldtocht begon.

Marsala wordt vaak gezien als zoete wijn, maar net als sherry kan het variëren van mierzoet tot kurkdroog. Als aperitivo of digestivo vind ik een redelijk droge marsala lekker; die zijn diep amber van kleur met heel veel interessante aroma's. In Trapani ontdekte ik dat een droge marsala ook een uitstekende begeleider is voor een nogal zoet dessert. Bij het koken gebruik ik vaak een middelzoete marsala, voor een rijkere smaak.

Voor recepten die me doen denken aan mijn tijd in Marsala en het platteland eromheen, kan ik het beste beginnen met onze lunch in de olijfboomgaard van de Titones. Voor Pane Cunzatu (belegd brood), zoals het plaatselijk genoemd wordt, heb je alleen maar vers knapperig brood nodig, goede olijfolie, zout, tomaten en basilicum. Je kunt brood op allerlei manieren aankleden, maar dit is waarschijnlijk de meest klassieke.

Ik heb ook twee groentegerechten opgenomen, Involtini di Melanzane (auberginerolletjes) en Peperonata, gemaakt van rode en gele paprika's en op smaak gebracht met het hele spectrum Siciliaanse ingrediënten – olijven, ansjovis, kappertjes, pijnboompitten, munt, knoflook en rode peper.

Ik moet natuurlijk een recept voor viscouscous opnemen. Couscous eten lijkt een beetje op fonduen – het is een gezamenlijke activiteit met een grote schaal in het midden en bijgerechten die rond de tafel doorgegeven worden. Je kunt couscous het beste eten met een groot gezelschap, want gezelligheid is een belangrijk ingrediënt.

Ik heb ook een recept met konijn toegevoegd, Coniglio con Mandorle (konijn met amandelen). Sicilianen eten niet veel vlees, maar er zijn veel wilde konijnen en men houdt er wel van erop te jagen en ze dan op te eten.

De beroemdste Siciliaanse zoetigheden zijn waarschijnlijk Cannoli: dunne gefrituurde deegpijpjes die gevuld worden met ricotta. De ricotta is gezoet en er kunnen gekonfijte vruchten of chocola doorheen geroerd worden. Een van de lekkerste versies die wij tegenkwamen was die we aten na de lunch bij de Titones en het recept ervan heb ik hier opgenomen.

***Boven:* Een marsalaproeverij**

Coniglio con Mandorle

KONIJN MET AMANDELEN

1 groot biologisch konijn (of 2 kleinere), in stukken
3 verse laurierblaadjes
1 vers takje rozemarijn
8 verse salieblaadjes
½-1 fles droge marsala
ongebleekte bloem om mee te bestuiven
3 el extra vergine olijfolie
1 rode ui, gehakt
4 ansjovisfilets in olie, uitgelekt

100 g amandelen, licht geroosterd
50 g pijnboompitten, licht geroosterd
50 g krenten
50 g kappertjes
zout en peper
sap van 1 biologische citroen

Dit gerecht is heerlijk met droge couscous, die dan de lekkere saus opneemt. Als je echt niet van konijn houdt, kun je in plaats daarvan stukken biologische kip gebruiken.

Schep de stukken konijn om met de kruiden en leg ze in een ondiepe schaal. Schenk de marsala erover en laat 4 uur of, beter nog, een nacht, marineren in de koelkast.

Neem de stukken vlees uit de marinade en wentel ze rond in de bloem. Schud de overtollige bloem eraf.

Verhit de olie in een grote pan waar de stukken konijn tegen elkaar aangedrukt net in passen. Voeg de uistukjes toe en fruit ze zachtjes tot ze zacht en doorschijnend zijn. Voeg de stukken konijn toe zodra de ui begint te kleuren en bak ze rondom bruin. Voeg de marinade toe. De stukken konijn zouden net onder moeten staan; als dat niet zo is, voeg dan wat meer marsala toe. Verhit een paar minuten en schraap ondertussen de aanbaksels los van de bodem van de pan. Voeg de ansjovisfilets toe, dek de pan af en laat 25 minuten op zeer laag vuur zachtjes sudderen. Keer de stukken konijn om in de saus, voeg zo nodig nog een beetje wijn toe en laat dan afgedekt nog 20 minuten sudderen. Maal de geroosterde noten en pitten in een blender tot een grof mengsel. Voeg die met de krenten en de kappertjes toe aan de saus en roer alles goed door. Breng op smaak met zout en peper. Kook nog 2 minuten, neem de pan van het vuur en roer het citroensap erdoor. Serveer meteen met gestoomde couscous.

Voor 4-6 personen

Pane cunzato Titone

Titones belegde brood

1 zuurdesemciabatta van goede kwaliteit
extra vergine olijfolie van de beste kwaliteit
1-2 zeer rijpe tomaten, in plakjes
handvol verse basilicumblaadjes
zoutvlokken

Dit is de snack die Nicola en Anatonella Titone serveerden toen we hun olijfboomgaard bezochten. Het was zo lekker en tegelijk zo eenvoudig, dat ik het recept hier op moest nemen.

Halveer de ciabatta in de lengte. Besprenkel beide helften met de olijfolie en beleg met de tomatenplakjes en de basilicumblaadjes. Breng op smaak met zoutvlokken.

Voor 4 personen

Titone
Azienda Agricola
OLIO EXTRA
VERGINE
DI OLIVA
DA AGRICOLTURA BIOLOGICA
0,50 L e
Titone
Azienda Agricola
OLIO
EXTRA VERGINE
DI OLIVA
Da agricoltura biologica
D.O.P.
VALLI TRAPANESI
Denominazione di Origine Protetta
0,250 L e

Involtini DI *Melanzane*

AUBERGINEROLLETJES

3 stevige jonge aubergines

600 ml arachideolie, om in te bakken

2 grote verse bollen mozzarella

20 ansjovisfilets in olie, uitgelekt

handvol basilicumblaadjes

zout en versgemalen zwarte peper

Dit gerecht is geweldig als borrelhapje of als onderdeel van een antipasto.

Verwarm de oven voor op 220 °C.

Snijd de aubergines in de lengte in plakken van ongeveer 5 mm dik. Je zou er in totaal ongeveer 20 moeten kunnen maken.

Verhit de olie in een grote koekenpan tot heet en bak hierin de auberginEplakken in porties, tot ze goudbruin zijn. Neem ze uit de pan en laat ze uitlekken op keukenpapier.

Halveer de mozzarellabollen en snijd de helften elk in 5 gelijke plakken.

Beleg elke auberginEplak met een ansjovis, een plakje mozzarella en een basilicumblaadje. Breng op smaak met een beetje zout en versgemalen peper. Rol de auberginEplakken strak op en zet ze vast met cocktailprikkers. Leg de involtini in een ovenschaal en zet die 10 minuten in de oven, tot de mozzarella begint te smelten.

Voor 6 personen

Peperonata

3 grote rode paprika's
3 grote gele paprika's
1 grote groene paprika

SAUS
50 g zwarte olijven zonder pit
10 ansjovisfilets in olie, uitgelekt
140 g ingemaakte kappertjes, uitgelekt
40 g pijnboompitten
3 tenen knoflook
handvol verse muntblaadjes
125-200 ml extra vergine olijfolie
1 kleine rode peper

Schroei de paprika's direct boven de vlam van het fornuis. Houd ze vast met een (barbecue)tang en draai ze een paar minuten zo rond. Leg de paprika's zodra ze rondom zwart zijn in een plastic zak, bind die goed dicht en laat de paprika's zo afkoelen. Er ontstaat stoom in de plastic zak en die zorgt dat de schil van de paprika's loslaat, waardoor je ze makkelijk kunt pellen.
Pel de paprika's, verwijder de zaadjes en snijd elke paprika in 4-6 stukken. Dep ze droog met keukenpapier en verdeel ze mooi over een groot bord.
Maak de saus door alle ingrediënten in een blender tot een grof mengsel te malen. Maal het niet te fijn; de ingrediënten moeten wel herkenbaar blijven. Schep wat saus over de paprika's en serveer de rest erbij in een kommetje. Dit gerecht moet op kamertemperatuur gegeten worden.

Voor 6 personen

Cuscus di *Pesce*

VISCOUSCOUS

VISBOUILLON

1,5 kg verschillende soorten vis, zoals makreel, kabeljauw, zeebaars, rode mul of tandbaars (gebruik de koppen en de graten voor de bouillon en bewaar de filets voor de visstoofpot)

1 rode ui, in vieren

4 stengels bleekselderij, in stukken

3 verse laurierblaadjes

2 tl zout

VISSTOOFPOT

verschillende soorten visfilets (zie hierboven), in stukken van 5 cm

60 ml extra vergine olijfolie

1 grote rode ui, fijngesnipperd

binnenste van ½ stronk bleekselderij, met alleen de lichtgroene stelen, fijngehakt

3 tenen knoflook, in plakjes

3 verse laurierblaadjes

400 g Italiaanse tomaten uit blik

1 kleine rode peper, in dunne ringetjes

1 kleine krab (om wat zoet toe te voegen aan de ragout)

1½ l visbouillon (zie hierboven)

zout en peper

¼ tl saffraanpoeder

500 g couscous

Op Sicilië wordt couscous met de hand gemaakt, door griesmeel te mengen met een beetje water en saffraan. Het wordt tussen de vingers heen en weer gerold tot korreltjes ter grootte van een halve peperkorrel, die te drogen worden gelegd op een grote houten plank. Het is een langdurige procedé, dus heb ik voor dit gerecht met de traditie gebroken en raad ik aan, kant-en-klare couscous van goede kwaliteit te gebruiken. Vraag de visboer om de vissen te fileren en de koppen en graten mee te geven voor de bouillon.

Maak de visbouillon door de koppen en de graten in een grote pan onder te zetten met koud water. Voeg de ui, de bleekselderij, de laurierblaadjes en het zout toe en breng aan de kook. Laat 30 minuten zachtjes koken en schuim de bouillon af en toe af. Neem van het vuur en schenk de bouillon door een fijne zeef.

Verhit voor de stoofpot driekwart van de olijfolie in een grote pan en fruit hierin de ui, de bleekselderij en de knoflook een paar minuten zachtjes. Voeg de laurierblaadjes, de tomaten en de rode peper toe en laat ongeveer 15 minuten zachtjes koken. Voeg de visfilets toe, samen met de krab. Laat 5 minuten koken en schenk er dan zoveel van de visbouillon bij dat je 600 ml overhoudt voor de couscous. Laat 10-15 minuten zachtjes koken. Proef en voeg naar smaak zout en peper toe.

Verhit de achtergehouden visbouillon in een aparte pan. Roer het saffraanpoeder erdoor en voeg de couscous toe. Voeg de rest van de olie toe, roer en laat dan volgens de aanwijzingen op de verpakking staan, om de couscous de bouillon te laten absorberen. Maak de couscous los met een vork en voeg zo nodig nog wat olie toe. Doe de couscous over op een warme schaal en schep er wat van de visstoofpot over. Serveer de rest van de stoofpot er apart bij.

Cannoli

DEEG

25 g boter op kamertemperatuur (traditioneel word reuzel gebruikt in plaats van boter)

150 g zelfrijzend bakmeel

1 biologisch ei, gesplitst

1 el fijne suiker

80 ml droge marsala

snufje zout

2 el cacaopoeder

zonnebloemolie om in te frituren

poedersuiker om mee te bestrooien

VULLING

250 g verse ricotta

125 g poedersuiker

30 g pure chocola (70% vaste cacaobestanddelen), fijngehakt

rasp van 1 biologische citroen

rasp van 1 biologische sinaasappel

Cannoli: een Siciliaanse klassieker, bekend over de hele wereld. Geen Godfatherfilm zou compleet zijn zonder minstens één scène met deze heerlijke traktatie. Voor dit recept heb je speciale metalen buisjes nodig (goed te vinden bij gespecialiseerde kookwinkels) om de deegpijpjes te maken.

Draai de boter, het bakmeel, de eidooier, de suiker, de marsala, het zout en het cacaopoeder in een keukenmachine tot een deeg. Het deeg moet glad en stevig zijn, zoals pastadeeg. Maak er een bal van en laat het onder een theedoek ongeveer een uur rusten.

Maak terwijl het deeg rust de ricottavulling. Klop de ricotta met de suiker tot hij licht en luchtig is. Roer de chocola en het citrusrasp erdoor en zet tot gebruik in de koelkast.

Rol het deeg uit tot ongeveer 3 mm dikte (ik vind het het makkelijkst om dit met een pastamachine te doen). Snijd het deeg in vierkantjes met zijden van 8 cm en leg die op een met bloem bestoven werkblad.

Bestrijk de cannolibuisjes ligt met olie. Vouw de deeglapjes diagonaal om de buisjes. Gebruik het overgebleven eiwit van het deeg om ze vast te plakken, daar waar ze overlappen. Druk voorzichtig aan.

Schenk een laag van ongeveer 6 cm zonnebloemolie in een middelgrote pan. Frituur de cannoli, als de olie heet is, met drie tegelijk tot ze goudbruin zijn. Laat ze goed uitlekken op keukenpapier en schuif ze van de metalen buisjes als ze nog warm zijn.

Wanneer de cannoli helemaal afgekoeld zijn, vul je een spuitzak met de ricottavulling en spuit je de cannoli royaal vol. Bestuif met poedersuiker en serveer. Ze zijn het lekkerst op de dag dat ze gemaakt zijn.

Voor ongeveer 12 cannoli

Pasta

SICILIËS GESCHENK AAN DE *Wereld*

Links: Graanvelden en wijnstokken buiten Marsala

IK GA NU EEN BEETJE CONTROVERSIEEL WORDEN, EN ONGETWIJFELD OVERDUIDELIJK bevooroordeeld. Maar na wat ik heb gelezen en gehoord, ben ik ervan overtuigd dat pasta zoals wij die kennen, van Sicilië komt. Het is Siciliës geschenk aan de wereld.

Als ik 'pasta' zeg, dan bedoel ik de pasta die je kunt vinden bij je plaatselijke delicatessenwinkel of supermarkt. Dat is wat de Italianen *pasta asciutta* (gedroogde pasta) noemen, niet te verwarrend met verse pasta, die gemaakt wordt met eieren en die gegeten moet worden voordat hij droog wordt. Je kunt verse pastavarianten vinden in veel verschillende eetculturen, meestal in de vorm van deeg dat gekookt moet worden in de vorm van dumplings, platte broodjes of gnocchi-achtige gerechten. Ze bestaan al sinds mensenheugenis in het Middellandse Zeegebied.

Het mooie van pasta asciutta is dat het, eenmaal gedroogd, heel lang bewaard kan worden. Sommige mensen, die speculeren over de oorsprong ervan, zeggen dat pasta bedacht is door nomaden of als voedsel voor op schepen, maar er is bewijs dat het anders zit.

Ten eerste heb je voor pasta asciutta een speciaal soort tarwe nodig dat moeilijk te malen is. Dit is zeer harde tarwe, dat in het Italiaans *grano duro* heet (wij noemen

Boven en rechts: Durum tarwe wordt gemalen bij Molino IMMA

het ook wel durum tarwe). Grano duro bevat veel eiwit en gluten en heeft een laag vochtigheidsgehalte. Het eiwit zorgt ervoor dat de pasta goed droogt en de gluten geeft hem de lichte taaiheid die echte pasta asciutta hoort te hebben. De populaire vormen van pasta asciutta, zoals dunne noedels (spaghetti), dikkere noedels met een gat in het midden (macaroni of bucatini), of dunne platte vellen (lasagna of canelloni), zijn bedoeld om te zorgen dat de pasta helemaal droogt. Balletjes van *pasta fresca*, zoals gnocchi, zouden nooit droog worden van binnen, dus die vorm kan niet gebruikt worden.

Sicilië is al sinds de Romeinse tijd de belangrijkste bron van durum tarwe in de mediterrane wereld. De hitte van de Siciliaanse zomers en de vruchtbaarheid van de grond schonken het eiland een niet te evenaren product.

Het tweede bewijs voor Siciliaanse pasta, heeft te maken met het malen. Durum tarwe is niet makkelijk te verwerken en heeft harde, zware molenstenen nodig. Dat is lastig op kleine schaal en gaat het beste in een grote, centraal geplaatste molen met een krachtbron dicht bij de hand. In een Arabische tekst uit 1150 wordt gerefereerd aan precies zo'n molen bij Trabia, buiten Palermo, die draaide op de waterkracht van beken uit de bergen in het achterland. In dezelfde tekst wordt gewag

gemaakt van 'vele schipladingen' gedroogde pasta naar andere plaatsen. Je kunt het hele verhaal nalezen in John Dickies fascinerende boek *Delizia! De geschiedenis van de Italianen en hun keuken*.

Er is geen bewijs dat er elders in het Middellandse Zeegebied pasta asciutta werd gemaakt, dus het lijkt zeer waarschijnlijk dat pasta zijn oorsprong vond op Sicilië en zich langzaam verspreidde over het Italiaanse vasteland, waar het evolueerde en zijn huidige positie als hét gerecht van de *cucina Italiana* verwierf. Op het vasteland had pasta vele namen, maar vaak werd het macaroni Siciliani (Siciliaanse macaroni) genoemd en de Sicilianen zelf, een beetje neerbuigend, 'macaroni-eters'. Mensen dachten in die tijd duidelijk dat pasta van Sicilië kwam.

Eén mythe heeft in ieder geval afgedaan: pasta is niet met Marco Polo meegekomen uit China. Het had al een vaste plek in delen van Italië ruim voordat hij terugkeerde van zijn reizen. Bovendien zijn Chinese noedels niet gemaakt van harde tarwe, maar van een zachte variëteit; een heel ander product dus. Sommige historici denken ook dat waar Marco Polo het over had helemaal geen noedels van tarwe waren, maar van sago. Voor Italianen is dit uiteraard geen geschiedkundig detail, maar een kwestie van eer.

Boven: Schapen met hun herder, vlak bij Marsala
Rechts: Hooibalen in de lente

Een van de beste plekken om de beroemde tarwevelden van Sicilië te zien is het achterland van Marsala en de zuidkust van het eiland. Tussen het bergachtige binnenland en de kust zijn lange, brede rivierdalen, waar tarwe verbouwd kan worden op de zachtglooiende heuvels. In de lente wordt de oogst goudkleurig en groeien er veldbloemen langs de muren en de wegen, wild en wanordelijk, mooi in contrast met de keurig nette eenvormigheid van de tarwe.

Terwijl je over het platteland rijdt, zie je af en toe kuddes schapen met een herder. Siciliaanse schapen worden voornamelijk gehouden voor hun melk, omdat hun wol ruw is en vlees een luxe die alleen bij speciale gelegenheden wordt gegeten, zoals met Pasen. Vreemd genoeg wordt spaghetti met gehaktballetjes vaak beschouwd als een typisch Siciliaans gerecht, maar dat is het niet. Het gerecht ontstond onder Siciliaanse immigranten in New York, als een manier om te laten zien hoe rijk ze waren – ze konden iedere dag vlees eten.

Als je schapen en tarwe tegelijk ziet, zie je twee van de ruwe bestanddelen voor een typisch pastagerecht: tarwe voor de pasta zelf en schapen voor de pecorino, de zoute schapenkaas die je erover raspt. Gezegd moet worden dat er tegenwoordig ook veel Parmezaanse kaas gebruikt wordt in de Siciliaanse keuken, terwijl parme-

Pomodori-Secchi
TONDI- "PACHINO"
€ 9,00 kg.

zaan uit de Povlakte in het noorden van Italië komt en niet van Sicilië. Maar parmezaan is een uitzonderlijke kaas en het moet zijn goede smaak zijn geweest die de scepsis van de plaatselijke bevolking met betrekking tot 'vastelandproducten' heeft overwonnen.

Elke Siciliaan verbouwt tomaten, het derde element in de mix. Tomaten die voor pastasaus worden gebruikt, worden ingekookt tot een geconcentreerde pasta. Op Siciliaanse markten zie je plakken dikke, bijna droge tomatensaus, die *strattu* heet en gebruikt wordt voor de klassieke saus van pasta al pomodoro.

Een ander, nogal verrassend en kenmerkend aspect van pastagerechten op Sicilië is, dat ze vaak geserveerd worden met broodkruim, zowel als korst als in de vorm van vulling. De verklaring is eenvoudig en verdrietig. Lange tijd was de prijs van pasta en stuk hoger dan die van brood – het werd beschouwd als een nogal luxueus gerecht. Als je arm was (en armoede was wijdverbreid op het eiland tot de jaren zestig van de vorige eeuw), gebruikte je broodresten om meer uit de pasta te halen. Brood werd gebruikt in vullingen om een gerecht meer verzadigend te maken. Honger was een belangrijk element in het Siciliaanse dieet. Maar nu, in

van broodkruim en

DE CECCO

Boven: Tarwe op terrassen met klaprozen
Links: Een overvloed aan tomaten

broodvullingen en gebruiken ze ze niet meer omdat ze honger hebben, maar omdat ze ze lekker vinden. Het gebruik van broodkruim is een van de dingen die hun manier van koken anders maakt dan die van een groot deel van de rest van Italië.

Waar begin je met het kiezen van pastagerechten voor dit deel van dit boek? Het is een schier onmogelijke taak, omdat er zo'n geweldig scala aan gerechten is en iedereen zijn eigen favorieten en specialiteiten heeft.

Eén gerecht ligt voor de hand: Pasta alle Sarde (pasta met sardines). Dit is *tipico*, wat in Italië een groot compliment is. Het betekent dat iets het beste is dat je op een bepaalde plek kunt eten en dat dát de beste plek is om het te eten. Als je aan Sicilianen zou vragen om hét pastagerecht van het eiland te nomineren, dan zou dit het waarschijnlijk zijn. Wat Pasta alle Sarde zo speciaal maakt is de ongebruikelijke saus. Laat je niet ontmoedigen door de redelijk lange ingrediëntenlijst – er staan heel veel specerijen bij, zoals komijn, kaneel en kurkuma, en die geven het gerecht een exotische en typisch Moorse geur en smaak. Pijnboompitten, rozijnen, broodkruim en munt zijn ook heel kenmerkend en de wilde venkel vormt een uniek plaatselijk element. Op veel markten op Sicilië kun je speciale kruidenmengsels voor Pasta alle Sarde kopen, maar thuis zul je het waarschijnlijk zelf moeten maken. Dit recept is gebaseerd op het mengsel dat in Antonio Drago's winkel in Ortigia verkocht wordt en het is het beste dat ik geproefd heb.

Ik heb ook een recept voor Pasta alla Bottarga (pasta met zongedroogde kuit van de harder) opgenomen. Je kunt bottarga krijgen van tonijnkuit, maar ik geef de voorkeur aan die van de harder. Die smaakt beter en heeft een prachtige feloranje kleur.

Een ander ongebruikelijk gerecht is Linguine con Uova di Ricci (linguine met zee-egelkuit). Dit is het gerecht waar we zo van genoten bij Piccolo Napoli in Palermo en het is een klassieker langs de Siciliaanse kust.

Omdat onze tocht plaatsvond in de lente, heb ik Pasta Primavera gekozen, waar een flink aantal verse groenten van het nieuwe seizoen in gebruikt worden. Pasta con Pesto alla Trapanese wordt gemaakt met een pesto die heel anders is dan de klassieke pesto uit Genua. Er gaat tomaat in, amandelen en broodkruim en deze pesto is heerlijk.

Er zijn nog twee ongebruikelijke pestosauzen die typisch Siciliaans zijn: Pesto al Pistachio (pistachepesto) en Pesto ai Capperi e Mandorle (kappertjes-amandelpesto).

Ten slotte is er Pasta al Borgo San Nicolao, die kregen we bij het diner in de agriturismo Borgo San Nicolao, dicht bij de Etna. Het is een ingetogen, nogal verfijnde saus, die ik uitzonderlijk goed vond.

Linguine
CON UOVA DI *Ricci*
LINGUINE MET ZEE-EGELKUIT

500 g linguine

75-100 ml extra vergine olijfolie van goede kwaliteit

3 tenen knoflook, fijngehakt

1 kleine rode peper, zonder zaadjes en fijngesneden (eventueel)

1 grote bos platte peterselie, gesneden

140 g zee-egelkuit

versgemalen zwarte peper

Ik vind dit een zeer verfijnd en heerlijk pastagerecht. De zee-egelkuit geeft het een sterke zeesmaak – dus je moet wel van sterke vissmaken houden. Je kunt zee-egelkuit op vismarkten krijgen, schoongemaakt en wel en mooi uitgestald op houten plankjes.

Kook de pasta in ruim gezouten water.

Verhit ondertussen 3 eetlepels van de olie in een grote koekenpan. Voeg de knoflook en de rode peper (als je die gebruikt) toe en fruit ze zachtjes op laag vuur. Zorg ervoor dat de knoflook niet verbrandt. Roer de peterselie erdoor en bak nog 2 minuten. Neem de pan van het vuur. Voeg de zee-egelkuit toe en roer goed door. De kuit hoeft niet gekookt te worden.

Giet de pasta zodra hij al dente is af en schep hem in de koekenpan voorzichtig door het zee-egelkuitmengsel. Doe de pasta over in een warme schaal, roer de rest van de olijfolie erdoor, breng op smaak met versgemalen zwarte peper en serveer meteen.

Voor 4-6 personen

Pasta alle Sarde

PASTA MET VERSE SARDINES

600 g verse sardines
2 el zout
2 flinke bossen wilde venkel
150 ml extra vergine olijfolie
1 grote rode ui, gesnipperd
1 tl gemalen komijn
1 tl gemalen kaneel
1 tl gemalen kurkuma
1 tl gemalen gember
5 ansjovisfilets in olie, uitgelekt
50 g krenten
50 g pijnboompitten, geroosterd
100 g vers broodkruim
handvol platte peterselie, gesneden
handvol munt, gesneden
handvol majoraan, gesneden
½ tl saffraanpoeder
zout en peper
500 g strozzapreti of bucatini

Voor veel Sicilianen is dit dé pastaspecialiteit van het eiland, vol van typisch Moorse geuren en smaken.

Ontschub de sardines. Trek de koppen eraf – de ruggengraten komen dan vanzelf ook mee. De visboer kan het ook voor je doen als je dat liever hebt. Laat de sardines goed drogen op keukenpapier.

Voeg het zout toe aan een grote pan water en breng het water aan de kook. Kook de venkel 5 minuten in het water. Schep de venkel uit het water en snijd de venkel fijn. Bewaar het water om de pasta in te koken. Verhit voor de saus 3 eetlepels van de olijfolie in een grote koekenpan. Fruit hierin de uisnippers tot ze zacht en doorschijnend zijn. Roer de specerijen erdoor en bak nog een paar minuten. Voeg de ansjovis, de krenten, de pijnboompitten en de helft van de sardines toe. Bak alles ongeveer 5 minuten terwijl je de sardines in stukjes verdeelt met een vork. Voeg het broodkruim, de fijngesneden venkel, de kruiden en de saffraan met nog eens 2 eetlepels olijfolie toe. Breng goed op smaak met zout en peper en bak nog 1-2 minuten.

Kook de pasta in het bewaarde venkelwater al dente.

Verhit ondertussen 2 eetlepels van de olijfolie in een aparte koekenpan en bak hierin de rest van de sardines snel tot ze goudbruin zijn.

Laat de pasta uitlekken en doe over in een warme schaal. Roer de rest van de olijfolie en de helft van de saus erdoor. Schep de andere helft van de saus en de gebakken sardines erop en schep aan tafel om.

Voor 4-6 personen

Pasta alla Bottarga

PASTA MET ZONGEDROOGDE HARDERKUIT

500 g spaghetti
190 ml extra vergine olijfolie
10 ansjovisfilets in olie, uitgelekt
50 g vers broodkruim
2 el ingemaakte kleine kappertjes, uitgelekt
½ bosje platte peterselie, fijngesneden
½ bosje verse munt, fijngesneden
20 kerstomaatjes, gehalveerd
100 g bottarga (zongedroogde harderkuit), zonder vlies, geschaafd of fijngeraspt
zout en peper

Ik vind het bij bepaalde gerechten belangrijk dat de smaken in balans zijn. Meer is niet altijd beter, zoals dit recept laat zien.

Kook de pasta in ruim, gezouten water.

Verhit terwijl de pasta kookt de olijfolie in een kleine koekenpan. Voeg de ansjovisfilets toe en roer ze tot ze smelten Voeg het broodkruim, de kappertjes, de peterselie en de munt toe en roer alles 2 minuten op het vuur. Zorg ervoor dat het broodkruim niet verbrandt. Neem de pan van het vuur.

Giet de pasta, zodra hij al dente is, af en bewaar een half kopje kookwater. Doe de pasta over in een warme schaal en roer het bewaarde kookwater erdoor. Roer de rest van de olie erdoor en voeg dan het broodkruimmengsel, de tomaatjes en de bottarga toe. Schep alles voorzichtig om en voeg naar smaak zout en peper toe. Serveer meteen.

Voor 4-6 personen

Pasta Primavera

PASTA MET VOORJAARSGROENTEN

50 g boter

3 jonge preitjes, zonder groen en in ringetjes

2 tenen knoflook, geperst

1 kleine venkelbol, heel dun gesneden

1½ el zout

150 g jonge tuinbonen, gedopt, geblancheerd en gepeld

150 g haricots verts, in stukjes van 3 cm

150 g verse doperwten, gedopt

1 bosje dunne groene asperges, in stukjes van 3 cm

400 ml slagroom

500 g ditali (kleine, 1 cm lange pastapijpjes)

zout en versgemalen zwarte peper

100 g Parmigiano, versgeraspt

Smelt de boter in een grote koekenpan. Voeg de preiringetjes toe en bak ze 5 minuten zachtjes. Voeg dan de knoflook en de venkel toe en bak die tot ze zacht zijn.

Voeg het zout toe aan een grote pan water en breng aan de kook. Voeg wanneer het water kookt de tuinbonen, de haricots verts, de doperwten en de asperges toe. Schep de groenten er met een schuimspaan uit zodra het water weer aan de kook komt (bewaar het water om de pasta in te koken) en voeg ze toe aan de koekenpan met het prei-venkelmengsel. Schenk de slagroom erbij en breng aan de kook. Laat 2 minuten borrelen – de groenten moeten een beetje beet houden – en neem dan de pan van het vuur.

Kook de pasta in het groentewater al dente.

Laat goed uitlekken en voeg de pasta toe aan het romige groentemengsel. Schep alles goed om. Breng op smaak met zout en peper, voeg de Parmigiano toe en serveer meteen.

Voor 4-6 personen

Pasta con pesto alla *Trapanese*

PASTA MET PESTO UIT TRAPANI

PESTO

- 1 bos basilicum, alleen de blaadjes
- 6 zeer rijpe tomaten, ontveld en zonder zaadjes, in stukken
- 50 g verse amandelen
- 1-2 tenen knoflook, geperst
- 50 g vers broodkruim
- 125 ml extra vergine olijfolie
- zout en peper

- 500 g spaghettini of spaghetti
- 100 g gedroogde, gezouten ricotta of versgeraspte Parmigiano

Deze pesto is heerlijk als je hem maakt met de verse, jonge amandelen die je in het late voorjaar kunt krijgen. In andere seizoenen kun je gewone amandelen gebruiken.

Maak de pesto door alle ingrediënten in een vijzel of keukenmachine tot een grove pasta te malen. Breng op smaak met zout en peper.

Kook de pasta in ruim, gezouten water. Giet de pasta zodra hij al dente is af en doe hem over in een warme schaal. Schenk de pesto erover en schep goed om. Zet meteen op tafel en serveer met de ricotta of de Parmigiano erbij.

Voor 4-6 personen

Pesto al *Pistacchio*

PISTACHEPESTO

- 250 g ongezouten pistachenoten, licht geroosterd
- 50 g ingemaakte kappertjes, uitgelekt
- 50 g ansjovisfilets in olie, uitgelekt
- 2 tenen knoflook
- 1 kleine rode peper

Deze pesto is geweldig met pasta of geroosterde groenten.

Maal alle ingrediënten in een keukenmachine tot een glad mengsel. Serveer meteen of bewaar tot een week in de koelkast.

Voor ca. 400 g pesto

Pesto
AI CAPPERI E *Mandorle*
KAPPERTJES-AMANDELPESTO

250 g amandelen, licht geroosterd
250 ingemaakte kappertjes, uitgelekt
1-2 kleine rode pepers (afhankelijk van hoe pittig je het wilt)
2 tenen knoflook
250 ml extra vergine olijfolie
zout en peper

Maal alle ingrediënten in een keukenmachine tot een grof mengsel. Maak deze pesto niet te fijn; ik vind dat je nog wat kleine stukjes amandel en kappertjes moet kunnen zien.

Voor ca. 750 g pesto

Pasta
AL BORGO SAN *Nicolao*
PASTA MET ROOM EN SPECK

500 g macaroni
50 g boter
8 dunne plakken speck (gerookte ham)
1 kleine rode peper, fijngesneden
½ tl saffraanpoeder
1 bos platte peterselie, fijngesneden
300 ml slagroom
zout en peper
150 g pecorino, geraspt

Ik gebruik graag pasta van het merk De Cecco, omdat het een Siciliaans merk is en de pasta blijft goed al dente.
Kook de pasta in ruim, gezouten water.
Smelt ondertussen de boter in een koekenpan en bak het speck een paar minuten. Als je rode peper gebruikt, voeg die dan nu toe, en dan de saffraan, de peterselie en de room en breng aan de kook. Giet de pasta zodra hij al dente is af en doe over in een warme schaal. Schenk de warme saus over de pasta en schep goed om. Voeg naar smaak zout en peper toe, voeg de pecorino toe en serveer meteen.

Voor 4-6 personen

Modica en Noto

HET LAND VAN DE *Barok*

Links: Daken, Modica

IN 1693 VERWOESTTE EEN ENORME AARDBEVING EEN AANTAL STEDEN IN HET zuidoosten van Sicilië. Wat toen een ramp was, is nu een bron van vreugde geworden, want de steden werden herbouwd in Spaanse barokstijl en zijn tegenwoordig buitengewone voorbeelden van die periode.

Het is ongebruikelijk om een stad te vinden die helemaal in één stijl gebouwd is en er één te vinden in de Spaanse barokstijl is een soort wonder. De steden Palazzola, Ragusa en Ispica hebben allemaal prachtige barokke gebouwen, maar Modica en Noto zijn mijn favorieten.

De hoofdstraat in Modica loopt langs een dal met een steile muur. Beide zijden van het dal zijn bijna helemaal bebouwd, met de statigste huizen en kerken dicht bij de hoofdstraat en de minder mooie heuvelop. Langs het dal liggen pleintjes vol fonteinen en standbeelden en brede trappen leiden naar het volgende niveau. Met de kwaliteit van zijn gebouwen, zijn architectonische eenheid en zijn menselijke maat is het oude centrum van Modica prachtig.

Modica is, misschien in overeenstemming met de architecturale franje, bekend vanwege zijn patisserie, en in het bijzonder vanwege een lokale chocola, gemaakt

Boven: Carobbomen, peulen en 'chocolade'
Rechts: Modica

van carobebonen. Carobebomen zijn, net als olijfbomen, enorm sterk en kunnen heel oud worden. Ze groeien in rotsachtige grond in het gebied tussen Modica en de zuidkust, sommige duidelijk honderden jaren oud.

Gedurende eeuwen zijn er stenen verzameld om een netwerk van muren te bouwen, dat meer dan honderd kilometer moet beslaan. Het land is hier verdeeld in kleine velden, die begrensd worden door deze muren. De velden zijn beplant met carobebomen, met weideland eronder. De oude stenen muren en de oude carobebomen maken dit tot een opmerkelijk landschap.

Carobechocola wordt gemaakt van de peulen van de boom en is donker, hard en bros. Carobechocola wordt gezoet met suiker en geparfumeerd met kaneel en sinaasappel. Ondanks de naam moet je bij carobe niet denken aan chocola, want dan word je teleurgesteld. Het lijkt in niets op de zachte, rijke, smeltende chocola van de meer vertrouwde cacaoboon. Zie het in plaats daarvan als een soort kruidige snoepreep die geraspt over gebakken desserts en roomijs het lekkerst is.

Modica heeft een reputatie als het gaat om de kwaliteit van zijn *pasticcerie*, waar je patisserie, snoep en roomijs kunt kopen. Mijn favoriet is *pasticceria-gelateria*

STRADA
CAMPAILLA

Chantilly

Chantilly aan de Corso Umberto, de hoofdstraat. Hier toveren Angelo Cataldi en zijn vrouw Maria Concetta allerlei verfijnde delicatessen tevoorschijn. Er is een enorme verscheidenheid aan kleine marsepeinen vruchten en een vertrouwd scala aan roomijsjes, sommige in minihoorntjes, met gemalen pistachenoten over de pastelkleuren van het ijs gestrooid. De winkel is heerlijk en helemaal in stijl met de barokke weelderigheid van Modica zelf.

Boven: Angelo Cataldi en Maria Concetta van Pasticceria Chantilly, Modica

Pasticcerie op Sicilië hebben een nogal ongewone geschiedenis. Hoewel hun wortels liggen in de Moorse tijd, toen de rietsuiker zijn intrede deed op het eiland, zijn de meer verfijnde zoetigheden van tegenwoordig een aantal eeuwen later ontwikkeld, in de kloosters verspreid over het eiland.

Men denkt dat de kloosters begonnen met het maken van gedetailleerde marsepeinen vruchten en fijn banket om de heiligendagen mee te vieren. Een plaatselijke legende beschrijft hoe men in een bepaald klooster marsepeinen sinaasappels maakte om een boom buiten het seizoen te versieren voor een bezoek van de bisschop. Wat de oorsprong ervan ook is, het maken van zoetigheden werd al snel een reguliere bron van inkomsten.

Pasticceria Grammatico Maria

In die dagen waren veel van de kloosters gesloten ordes en mochten de nonnen geen contact hebben met de buitenwereld. Dus ontwikkelden ze een manier om hun producten te verkopen zonder de regels van de orde te overtreden. Hun oplossing was een stel ronddraaiende wielen – zoals je wel eens ziet bij de balie van een bank. De klanten konden niet in de ruimte erachter kijken, legden een briefje met hun bestelling en wat geld op het wiel en draaiden het rond. Even later draaide het wiel weer terug en verscheen het lekkers. Tot een paar jaar geleden was er nog zo'n wiel in een klooster in Palermo.

Heel toevallig ontmoette ik een vrouw, Maria Grammatico, die is opgegroeid in een klooster, waar ze het banketbakkersvak geleerd heeft. Maria was als kind aan de nonnen toevertrouwd, omdat haar moeder niet in staat was voor haar te zorgen. Ze leidde een zeer sober leven in het klooster en haar vakkundigheid in het maken van marsepeinen snoep en verfijnd banket was haar enige vreugde. Tegenwoordig is Maria bekend vanwege de pasticceria die ze runt in Erice, dicht bij Trapani. Erice is een oud vestingstadje dat spectaculair gebouwd is op de top van een steile berg, met uitzicht over de kust. Maria Grammatico's pasticceria staat bijna helemaal op

Boven: Suikergoed van Pasticceria Maria Grammatico, Erice
Volgende pagina's: De bergtop van Erice

de top van de berg en wordt bezocht door vrijwel iedereen die naar Erice komt – zowel om haar heerlijkheden te proeven als om een zeer vitale en charmante vrouw te ontmoeten.

Op onze tochten ontmoetten we een andere geweldige banketbakkerij in het kleine Frigintini, buiten Modica, waar we stopten om koffie te drinken. Toen bleek dat we bij een graanmolen (de I.M.M.A. mulino) stonden, vroeg ik natuurlijk of ik rond mocht kijken. Terwijl we de mooie grano-durobloem stonden te bewonderen, zag ik dat er zakken bloem naar een kleine bakkerij aan de overkant van de straat werden gedragen. We gingen ze achterna en traden binnen in het koninkrijk van Giorgia Colomba, de *panificio-biscottificio* San Antonio (brood- en koekenbakkerij). Achter de winkel waren haar twee assistenten, Angela en Graziana deeg aan het uitrollen en in de ruimte ernaast stond een grote oven. We kwamen er snel achter dat de specialiteit van het huis impanatigghi zijn, een deegflapje met een verrukkelijke rijke vulling van suiker, amandelen, chocola en specerijen en een kleine hoeveelheid mager rundergehakt. Het gehakt geeft de flapjes geen vleesachtige smaak, maar ver-

Boven: Giorgia Colomba (midden) en haar assistenten maken impanatigghi

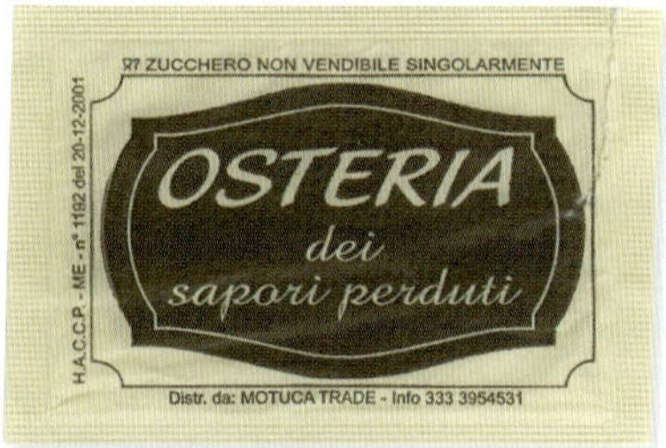

Boven en rechts:
Prachtige barok in Noto

rijkt eerder de vulling – net zoals niervet wordt gebruikt in traditionele Engelse *mince pies* en puddingen voor kerst.

Niet ver van Frigintini ligt het perfecte barokke stadje Noto. Na de aardbeving is het herbouwd in een warme, lichtgouden steen en de versiering van de gevels van de paleizen en de kerken is weelderiger dan waar dan ook. Ieder balkon lijkt opgehouden te worden door een groep mythische personages, de een nog exotischer dan de ander. Als je in de buurt bent, dan is Noto een 'must' om te gaan bekijken. Maar toch vind ik Modica een vriendelijker en sympathieker stad. Misschien omdat Modica minder een museumstadje is dan Noto – en de mensen zijn er vol passie over hun stad en zijn eten.

Dit werd me vooral duidelijk door één bepaald voorval. Ik was in een herenkledingzaak met mijn man, die een riem wilde kopen. Er waren nog twee of drie ander klanten in de winkel en een paar verkopers. Toen we betaalden, vroeg ik de manager tussen neus en lippen door waar hij ons kon aanraden te gaan eten die avond. In één ogenblik veranderde de sfeer in de winkel. Opeens kwam iedereen rond de toonbank staan met suggesties, bekritiseerde andere suggesties en vertelde over eigen

ervaringen. Dit ging ruim een kwartier zo door en na afloop hadden we een paar goede ideeën gekregen, maar was er geen consensus bereikt. Toen we de winkel verlieten, werden we benaderd door een gedistingeerde oudere heer (later kwam ik erachter dat het Franco Antonio Belgiorno was, auteur van bekende boeken over Modica), die me aanraadde: 'Het beste eten van Sicilië wordt thuis gegeten.'

In de geest van Modica en Noto zijn de recepten voor dit hoofdstuk allemaal voor koek en banket. Vanzelfsprekend is er Maria Grammatico's Ricetta Base, het deegrecept voor al haar amandelgebak en ongelooflijk goed bruikbaar. Ze heeft het geleerd te maken in het klooster van San Carlo.

Sigarette alla Ricotta lijken op de cannoli die de specialiteit van het huis zijn van pasticceria Amato, achter het Teatro Massimo in Palermo. Ze zijn licht en fijn en je kunt de ricottavulling op smaak brengen met gekonfijte vruchten die je lekker vindt, of met chocola.

Ik moest een recept voor Giorgia Colomba's Impanatigghi opnemen. Laat je niet ontmoedigen door het feit dat er vlees in gaat – als je het probeert, vind je het zeker lekker. Ik heb ook een recept gekozen voor Nnacatuli Liparesi, heerlijke koekjes met een nogal exotische vulling.

Mijn vriendin Ada, wier familie uit Italië komt, maakt geweldige amandelmakronen, dus haar recept moest ik ook opnemen. En ten slotte is er een recept voor koekjes, die ik Cucuricci noem. Het recept komt van mijn tante die in Palermo woonde en ze zijn een favoriet in mijn familie.

Nnacatuli *Liparesi*

GEVULDE KOEKJES UIT LIPARI

DEEG

500 g zelfrijzend bakmeel

2 biologische eieren plus 1 biologische eidooier

60 g fijne suiker

150 g boter op kamertemperatuur

1 tl puur vanille-extract

VULLING

200 g gemalen amandelen

200 g fijne suiker

2 tl gemalen kaneel

paar druppels rozenwater

rasp van 1 biologische citroen

1 biologisch eiwit

Verwarm de oven voor op 200 °C.

Draai de ingrediënten voor het deeg in een keukenmachine tot een samenhangend geheel. Maak er een bal van, wikkel die in vershoudfolie en leg hem 30 minuten in de koelkast.

Maak de vulling door alle ingrediënten te mengen tot een kleverige pasta.

Rol het deeg op een met bloem bestoven werkblad uit tot ongeveer 3 mm dikte. Snijd er cirkels uit van ongeveer 8 cm doorsnede. Leg bij elke cirkel op één helft een theelepel van de vulling. Vouw de cirkels dicht, zodat het halve maantjes worden. Druk de randen met een vork stevig dicht.

Bekleed een bakplaat met bakpapier. Prik gaatjes in de bovenkant van de koekjes en leg ze op de bakplaat. Bak ze in 6-8 minuten goudbruin. Neem de koekjes uit de oven en laat ze afkoelen op een rooster. Ze blijven luchtdicht verpakt 4-5 dagen goed.

Voor ca. 25 koekjes

Ricetta *Base*

BASISRECEPT AMANDELDEEG

450 g amandelen, geblancheerd en gepeld
450 g fijne suiker
3 biologische eiwitten
1 el honing
1 el biologische citroenrasp
2 tl amandelextract (eventueel)
poedersuiker om mee te bestuiven (eventueel)

Dit is Maria Grammatica's recept voor het deeg van haar amandelkoekjes, geleerd in het klooster waar ze als meisje opgroeide. Ze gebruikt het om sospiri, cuscinetti en desideri te maken. Ik gebruik het hier voor eenvoudige amandelkoekjes.

Maal de amandelen met de helft van de poedersuiker in een keukenmachine tot een fijn poeder. Doe dit over in een grote mengkom en voeg de rest van de ingrediënten toe. Kneed er met je handen een glad deeg van. Maak een bal en wikkel die in vershoudfolie.

Koel het deeg minstens 30 minuten. Verwarm, als je de koekjes wilt gaan bakken, de oven voor op 180 °C en bekleed een bakplaat met bakpapier. Rol balletjes van het deeg met een doorsnede van ongeveer 2 cm en leg ze op de bakplaat. Bak ze in 12 minuten goudbruin.

Je kunt ze, als ze nog warm zijn, bestuiven met poedersuiker.

Noot
Het deeg blijft tot 3 dagen goed in de koelkast.

Voor ca. 900 g deeg

Sigarette alla Ricotta

SIGARETTEN MET RICOTTAVULLING

60 g boter op kamertemperatuur
75 g fijne suiker
45 g ongebleekte bloem
½ tl puur vanille-extract
2 biologische eiwitten, geklopt tot stijve pieken
poedersuiker om mee te bestuiven

RICOTTAVULLING
250 g zeer verse volvette ricotta
2 el fijne suiker

Dit zijn kleine, lichte sigaretvormige koekjes. Ze zijn heerlijk met een espresso na de maaltijd, of als tussendoortje.

Verwarm de oven voor op 200 °C.

Klop de boter en de suiker tot ze licht en luchtig zijn. Roer de bloem en het vanille-extract erdoor en spatel er voorzichtig de eiwitten door.

Bekleed twee bakplaten met bakpapier. Schep kleine lepels beslag ver genoeg uit elkaar op de bakplaat om ze uit te kunnen strijken tot cirkels van 6 cm doorsnede. Bak de koekjes 5 minuten, tot ze goudbruin zijn. Neem ze uit de oven en vouw ze terwijl ze nog warm zijn om de steel van een houten lepel tot 'sigaretten'. Schuif ze eraf en laat ze helemaal afkoelen.

Maak de vulling door de ricotta met de suiker te kloppen tot een gladde room zonder klontjes.

Wanneer de sigaretten helemaal afgekoeld zijn, vul je een spuitzak met de ricottavulling en spuit je de sigaretten royaal vol.

Bestuif ze met poedersuiker en serveer meteen.

Variatie

Als je wilt, kun je 2 eetlepels citroen- of sinaasappelrasp of 2 eetlepels geraspte chocola toevoegen aan de ricottavulling.

Voor 18-20 sigaretjes

Impanatigghi

GEVULDE KOEKJES UIT MODICA

DEEG

300 g ongebleekte bloem

150 g boter op kamertemperatuur

80 g fijne suiker

1 biologisch ei, plus een biologische eidooier

½ tl zout

rasp van 1 biologische citroen

VULLING

250 gemalen amandelen

150 g fijne suiker

rasp van 1 biologische citroen

2 tl gemalen kaneel

50 g mager rundergehakt

100 g pure chocola, gesmolten

paar druppels marsala, zo nodig

Laat je niet ontmoedigen door het feit dat er in de vulling van deze koekjes een beetje rundergehakt gaat. Het is een oud en heel traditioneel recept uit Modica en het was de bedoeling dat deze koekjes voedzaam waren. Het is vergelijkbaar met het niervet dat gebruikt wordt in de mince pies die in Engeland met kerst gebakken worden: je proeft het vlees niet echt, maar het versterkt de algehele smaak.

Verwarm de oven voor op 180 °C.

Draai de ingrediënten voor het deeg in een keukenmachine tot een samenhangend geheel. Maak er een bal van, wikkel die in vershoudfolie en leg 30 minuten in de koelkast.

Meng voor de vulling de ingrediënten tot een dikke pasta. Als de pasta te droog lijkt, voeg dan een paar druppels marsala toe.

Rol het deeg op een licht met bloem bestoven werkblad zo dun mogelijk uit. Snijd er met een koekjessteker cirkels van ongeveer 6 cm doorsnede uit. Maak in iedere cirkel met een scherp mes op een derde van de onderkant een inkeping van 1 cm.

Schep de vulling in een spuitzak en spuit op elke cirkel in het midden, parallel aan de inkeping, ongeveer 2½ cm vulling.

Bestrijk de rand met een beetje water en vouw de cirkels dicht tot halve maantjes. Zorg ervoor dat de inkeping precies bovenop zit. Druk de randen aan en haal een eventueel teveel aan deeg weg. Druk de randen extra aan met de achterkant van een vork.

Bekleed een bakplaat met bakpapier. Leg de gevulde koekjes op de bakplaat en bak ze in 15-20 minuten goudbruin. Neem de koekjes uit de oven en laat ze op een rooster afkoelen. Ze blijven luchtdicht verpakt ongeveer een week goed.

Voor ongeveer 20 koekjes

Macaroncini di *Ada*

AMANDELMAKRONEN VAN ADA

2 biologische eiwitten
300 g gemalen amandelen
250 poedersuiker
snufje zout
rasp van 1 biologische citroen

Dit recept kreeg ik van mijn vriendin Ada, de koningin van de makronen!
Klop de eiwitten tot ze stijve pieken vormen. Spatel de amandelen, de suiker, het zout en de citroenrasp erdoor.
Bekleed twee bakplaten met bakpapier. Maak met vochtige handen balletjes van 2½ cm doorsnede. Knijp er een puntje aan en leg de makronen op de bakplaat. Zet ze vóór het bakken 30 minuten in de koelkast, dan lopen ze minder uit.
Verwarm de oven voor op 180 °C.
Bak de makronen 10 minuten, of tot ze beginnen te kleuren.
Neem ze uit de oven en laat ze een beetje afkoelen op de bakplaat voordat je ze op een rooster legt. Als ze helemaal afgekoeld zijn, kun je ze in een luchtdichte verpakking bewaren.
Ze blijven zo een week goed.

Variatie
Steek voordat je ze in de oven zet een paar amandelsnippers in de makronen.

Voor ca. 30 makronen

Cucuricci

250 g boter op kamertemperatuur
280 g ongebleekte bloem
150 fijne suiker
250 g amandelen, geroosterd en grof gemalen
rasp van 1 citroen
1 tl pure citroenolie
1 tl bakpoeder
snufje zout
poedersuiker om mee te bestuiven (eventueel)

Deze koekjes zijn een grote favoriet in onze familie. Het recept komt van mijn tante, die in Palermo woonde.

Verwarm de oven voor op 180 °C.

Meng alle ingrediënten, behalve de poedersuiker, met een mixer. Stop met mixen zodra je een homogene massa hebt; het is belangrijk dat het deeg niet te lang gekneed wordt.

Bekleed een bakplaat met bakpapier. Maak met je handen amandelvormige koekjes van het deeg van ongeveer 3½ x 1½ cm en leg ze op de bakplaat. Bak ze 8 minuten, of tot ze licht goud beginnen te kleuren. Neem de koekjes uit de oven en laat ze op een rooster afkoelen.

Bestuif ze met poedersuiker als je wilt en bewaar ze in een luchtdichte pot.

Voor ca. 40 koekjes

De kazen VAN Sicilië

Rechts: Het platteland bij Modica

OP EEN MIDDAG, TIJDENS MIJN BEZOEK AAN MODICA, ZAG IK AL WANDELEND langs de Corso Umberto I, een klein kaaswinkeltje. Het was zo klein dat je er, als je niet goed op zou letten, makkelijk aan voorbij zou gaan. Vanbinnen was de brandschone, wit betegelde winkel net een koelkast met een scala aan plaatselijke kazen. Het bleek het verkooppunt te zijn van een plaatselijke boerderij en die ben ik, nieuwsgierig geworden, meteen de volgende dag gaan bezoeken.

We stonden vroeg op – omdat net als melken, kaasmaken vroeg op de dag wordt gedaan – en reden de stad uit, een landschap van glooiende heuvels in. Hier en daar stonden boerenhuizen en stenen terrassen en muren getuigden van de inspanningen die hier al tijden verricht worden om het land te bewerken. De velden zelf waren bedekt met klaprozen. Andere waren gemaaid voor hooi en dieren graasden er aan de stoppels. Het was een tijdloos beeld van boerderijen in het late voorjaar.

Maar als je een tijdje over het Siciliaanse platteland hebt gereden, realiseer je je hoe ongewoon dat plaatje eigenlijk is. Omdat zo veel van het land traditioneel in handen was van afwezige grootgrondbezitters, zie je eigenlijk niet veel grote boerenhuizen. Er zijn dorpen (voor de landarbeiders), incidenteel is er een palazzo

Boven: Oude boerderijen
Rechts: Kaas maken op de Lucifora familieboerderij

(voor de landeigenaar), maar er zijn maar heel weinig herenboerderijen of groepen boerengebouwen die je associeert met een welvarende familieboerderij.

Het platteland rond Modica is een beetje anders en heeft duidelijk veel familieboerderijen. Onderweg naar onze bestemming kwamen we langs flinke tweeverdiepingen-huizen, omgeven door hoge muren en een paar werkgebouwen. Aan beide zijden van de ingang stonden vaak twee dadelpalmen, met hun lange rechte stammen die eindigen in een waaier van grote bladeren, die er uitzien als botanisch vuurwerk. Ik weet niet waarom dit gebied zich, historisch gezien, anders heeft ontwikkeld dan andere delen van het land, maar het maakt je wel bewust van de sociale kloof elders.

Ongeveer vijftien kilometer buiten Modica arriveerden we bij de boerderij van de familie Lucifora. Buiten was Salvatore Lucifora bezig met ongeveer zeventig melkkoeien. Het erf werd omringd door terrassen, beplant met granen, olijven, amandel- en carobebomen. Binnen, in de melkerij, vonden we zijn vrouw Ornella en haar kaasmaker, Raimondo Blandino. Het kaasmaken was in volle gang, en dat al sinds drie uur die ochtend.

Azienda Agricola
"IL CASEIFICIO"
Produzione Propria e Vendita
FORMAGGI E RICOTTA
RAGUSA
Cell. 339 6447011

Kaas wordt in Sicilië gemaakt van koe-, schapen- en geitenmelk. Het is een oud ambacht – er zijn bronnen waaruit blijkt dat er al harde kazen gemaakt werden in de Romeinse tijd. Siciliaanse kazen variëren van pittige harde kazen tot fijne verse, en alles daar tussenin. De beroemdste kaas die op Sicilië wordt gemaakt, de meest *tipico*, is ricotta. Ricotta is een zinnebeeld van het eiland en het belangrijkste ingrediënt van plaatselijke specialiteiten als cassata en cannoli. In mijn optiek is er nergens ter wereld een frissere of lichtere kaassoort te vinden.

Het is fascinerend te ontdekken dat zo'n belangrijke kaas eigenlijk een bijproduct is: ricotta wordt gemaakt van de wei die overblijft na het maken van andere kazen. Ricotta moet vers gegeten worden, dus in de tijd voor de koelkast werd de kaas alleen een deel van het jaar gemaakt, niet tijdens de hete zomermaanden. Als gevolg daarvan ontwikkelden kaasmakers technieken om de kaas te conserveren, zoals roken, zouten of bakken. Al deze variëteiten zijn interessante kazen, maar de enige echte ricottabeleving is die van het superverse product.

Op Sicilië getuigt het van echte gastvrijheid als je je gasten een kom warme, verse ricotta aanbiedt en dat is wat Ornella deed. Ze schepte verse ricotta in terracotta kommen en we aten het met vers brood, dat heel snel gedoopt was in water

Boven: Ornella Lucifora serveert verse ricotta
Links: Kaasmaker Raimondo met Ornella (rechtsonder)

Boven en rechts: Santo La Mancusa maakt kaas, Randazzo

dat uit de kaas was gelekt. Zo wordt ricotta al sinds eeuwen gegeten, en als je de kaas op deze manier proeft, begrijp je waarom het zo'n gewaardeerde kaas is. Ricotta is heerlijk gekookt of op smaak gebracht in taarten en koekjes, maar het eten van verse ricotta zonder enige toevoeging is een unieke, pure belevenis.

Om de hoek was Raimondo druk bezig met het maken van Caciocavallo-kaas. Zijn armen staken tot de ellebogen in een kuip water van 60-70 °C en hij was de kaas tot een grote bal aan het kneden. Het kneedproces duurde ongeveer veertig minuten, tot er helemaal geen luchtbelletjes meer in de grote ronde kaas zaten. Toen was de kaas klaar om twee of drie dagen in een pekelbad te drijven en vervolgens opgehangen te worden aan het kenmerkende koordje om te rijpen. Als ze klaar zijn, zijn de kazen middelhard en wegen ze 16-17 kilo.

Een paar dagen later bezocht ik een andere kaasboerderij in Randazzo, dicht bij de Etna. Hier zag ik een andere kaasmaker, Santo la Mancusa, zijn versie van de Caciocavallo maken. Santo had het vak geleerd van zijn vader, die net met pensioen was gegaan. Hoewel hij zelf jong is (in de dertig), vertelde hij me dat hij zich zorgen maakt dat het ambacht van het kaasmaken niet langer wordt doorgegeven, omdat jonge mensen het te veel werk vinden.

Straten in Modica

Santo maakt behalve Caciocavallo ook Tuma (een andere middelharde kaas die rond of vierkant kan zijn) en prachtige verse ricotta.

Het gebied rond Modica en het nabijgelegen Ragusa staat bekend om de kwaliteit van zijn kazen en het vakmanschap van zijn kaasmakers. Je krijgt er een idee van als je het Casa del Formaggio (het huis van de kaas) bezoekt, een uitzonderlijke kaaswinkel in Modica, van Giorgio Cannata. Toen ik de winkel binnenging, werd ik meteen enthousiast door een bordje in de etalage, dat aangaf dat het een erkende Slow Food-detailhandel was. De Slow Food-beweging begon in Piemonte en heeft zich sindsdien over Italië verspreid en zelfs over de hele wereld. De beweging wijdt zich aan het in stand houden van de ambachtelijke, traditionele voedselbereiding en richt zich op het aanmoedigen van alles wat massaal geproduceerde, gestandaardiseerde en gehomogeniseerde producten niét zijn. De Slow Food-beweging behandelt kleinschalige traditionele kaasmakers als een bedreigde diersoort – en ze hebben gelijk. De organisatie stuurt mensen eropuit om speciale kazen te registreren, vast te leggen hoe ze gemaakt worden, wie ze maken en welke gespecialiseerde detaillisten ze verkopen.

Zodra ik Giorgio's winkel binnenkwam, merkte ik dat hij gepassioneerd is over

zijn producten. De meeste kazen die hij verkoopt, zijn Siciliaans en het grootste deel daarvan komt uit het nabije zuiden van het eiland. Hij heeft een groot aanbod Caciocavalli en Tume en vele Pecorini en andere harde, langgerijpte kazen. Hij heeft gezouten, gerookte of gebakken ricotta en er zijn zeer lokale voorjaarskazen die alleen gemaakt kunnen worden als het gras lang en mals is. Op Giorgio's aanraden proefden we een selectie kazen, maar onze favoriet diende zich halverwege aan. Het was een Formaggio Nero, een grote kaas met een zwarte korst, die uit Agrigento in het binnenland komt en alleen in kleine hoeveelheden gemaakt wordt. De kaas was licht pittig, licht zout en helemaal heerlijk.

Geloof het of niet, ricotta is best makkelijk om te maken. Dus als je het niet kunt vinden bij jou op de markt of in een winkel, of zelfs als dat wel het geval is, zou je het best eens zelf kunnen maken. Mijn vriendin Maria heeft er een heel eenvoudige manier voor en ik heb haar recept opgenomen. Zij gebruikt schapenmelk, maar het gaat ook uitstekend met volle gepasteuriseerde koemelk.

Als je verse ricotta hebt gemaakt en geproefd met knapperig brood, wat ga je er dan nog mee koken? Ik heb eerder in dit boek al een paar recepten met ricotta opgenomen, maar in dit hoofdstuk zijn er nog meer om mee te experimenteren.

Rechtsboven: Giorgio Cannata met de Formaggio Nero kaas

Er is een geweldige hartige ricottataart, de Torta Rustica alla Ricotta. De ricotta wordt gemengd met zoute pecorino, eieren en ham. Hoewel deze taart een beetje op quiche lijkt, is hij veel lichter – dat is het grote pluspunt van ricotta. Je kunt er met een salade een heerlijke lunch van maken.

Ricotta wordt vaak gebruikt om sauzen en gerechten te verrijken, maar ook om ze lichter te maken. Ik hou zelf erg van gehaktballetjes met ricotta, omdat de ricotta de gehaktballetjes een heel andere textuur geeft. Polpettine con Ricotta (gehaktballetjes met ricotta) zijn licht en lekker.

Sommige van de andere Siciliaanse kazen zijn ook heel geschikt om mee te koken, dus ik heb twee recepten toegevoegd, het ene met Caciocavallo en het andere met pecorino. Voor Caciu all'Argintera (gebakken kaas) wordt Caciocavallo gebruikt voor een geweldige antipasto. Carciofi Ripieni (gevulde artisjokken) is een combinatie van pecorino met ansjovis en kappertjes – allemaal scherpe, zoute smaken – en broodkruim om een vulling te maken voor zachte, jonge artisjokken.

Kaas is niet het enige product van het gebied rond Modica. Chocolade wordt er ook veel gebruikt (een erfenis van de overheersing door de Spanjaarden, die het meenamen uit Zuid-Amerika), en amandelen. Zeer goede amandelen worden verbouwd bij Avola aan de kust; amandelen uit Avola worden zelfs beschouwd als de beste van heel Sicilië. Ik heb een recept opgenomen, dat beide ingrediënten combineert in een smakelijke Crostata di Amaretti e Cioccolato (een taart met een amaretti-chocoladevulling).

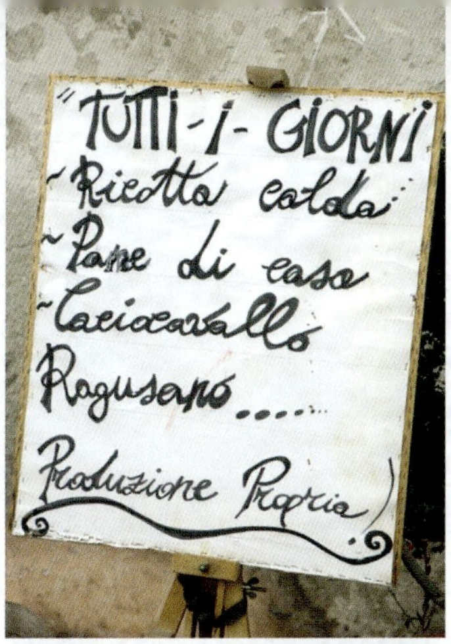

Boven: Platteland buiten Modica
Links: Geiten- en schapenherder

Ricotta di Maria

MARIA'S RICOTTA

1 l volle melk
80 ml witte, neutrale azijn
180 ml water
zout naar smaak (eventueel)

Mijn vriendin Maria heeft me geleerd deze ricotta te maken. Zij gebruikt meestal schapenmelk, maar in dit recept gebruik ik koemelk en dat gaat heel goed. Op Sicilië hebben ze hun ricotta het liefst een beetje zoutig.

Breng de melk in een grote pan al roerend aan de kook en neem de pan dan van het vuur.

Meng de azijn en het water in een kan. Schenk dit mengsel langzaam in een regelmatige straal bij de melk. Begin in het midden van de pan en beweeg in een steeds groter wordende cirkel naar buiten tot je bij de rand bent. Je ziet de melk dan schiften.

Zet de pan in een gootsteen met ijskoud water. Schep de ricotta er na een paar minuten met een schuimspaan uit en doe de kaas over in een met vochtig kaasdoek bekleed vergiet. Zet het vergiet op een bord en laat uitlekken. Als je de ricotta niet meteen gebruikt, zet hem dan in de koelkast.

De vloeistof die in de pan achterblijft, is de wei. Als het er nog steeds een beetje melkachtig uitziet, breng het dan weer aan de kook. Je zult zien dat het dan verder schift en nog een beetje ricotta vormt. Zet de pan terug in de gootsteen en schep de ricotta met de schuimspaan in het vergiet.

Met de wei en nieuwe melk kun je nog een portie ricotta maken. Ik vind de tweede, derde en vierde porties eigenlijk lekkerder, omdat ze het zurige van de azijn kwijt zijn. Als je niet van plan bent meteen meer ricotta te maken, kun je de wei in een glazen pot 4 dagen in de koelkast bewaren.

Voor ca. 100 g

Torta RUSTICA ALLA Ricotta

RICOTTATAART

DEEG

500 g ongebleekte bloem

150 g boter op kamertemperatuur

1 biologisch ei

125 ml halfdroge marsala

50 g pecorino, versgeraspt

1 tl zout

versgemalen zwarte peper

VULLING

500 g verse volvette ricotta

150 g prosciutto (rauwe ham), in repen

100 g Parmigiano, versgeraspt

100 g pecorino piccante, versgeraspt

2 biologische eieren

versgemalen zwarte peper

Dit gerecht kan geserveerd worden als hoofdgerecht voor een lunch, of als onderdeel van een antipasto.

Meng de ingrediënten voor het deeg in een keukenmachine tot alles net samenhangt. Maak er een bal van en leg die een uur te rusten in de koelkast.

Verwarm de oven voor op 200 °C en beboter een ronde ovenschaal met een doorsnede van 23 cm.

Neem de helft van het deeg en rol het op een licht met bloem bestoven werkblad uit tot een dikte van ongeveer 5 mm en bekleed er de bodem en de rand van de ovenschaal mee.

Meng alle ingrediënten voor de vulling en breng op smaak met peper. De kazen en de ham zijn behoorlijk zout, dus er hoeft geen zout bij. Schenk de vulling in de deegvorm en strijk de bovenkant glad. Rol de rest van het deeg uit en gebruik dit om de taart af te dekken. Vouw de rand om, zodat het deeg goed afsluit en prik er met een vork gaatjes in. Zet de taart 30 minuten in de oven, of tot hij goudbruin is. Neem de taart uit de oven en laat hem helemaal afkoelen voordat je hem serveert. Als de taart nog warm is, is de ricottavulling te dun om er mooie punten van te snijden.

Voor 4 personen

Polpettine con Ricotta

GEHAKTBALLETJES MET RICOTTA

800 g lamsgehakt
300 g verse ricotta
50 g Parmigiano, versgeraspt
100 g boter
75 ml extra vergine olijfolie
1 grote rode ui, gesnipperd
3 tenen knoflook, geperst
2 tl gemalen komijn
1 tl gemalen korianderzaad
1 tl gemalen kaneel
2 verse takjes rozemarijn, zonder takjes, de naaldjes fijngesneden
½ bos platte peterselie, fijngesneden
100 g pijnboompitten
60 g vers broodkruim
2 biologische eieren
zout en peper

Leg het gehakt met de kazen in een grote mengkom. Verhit ongeveer 20 gram boter en 2 eetlepels van de olie in een grote koekenpan en fruit hierin de ui op laag vuur tot hij zacht wordt. Voeg de knoflook, de specerijen, de kruiden en de pijnboompitten toe en bak onder voortdurend roeren nog 5 minuten. Neem de pan van het vuur en laat afkoelen.
Voeg het broodkruim, de eieren en het kruidige uimengsel toe aan het vlees en de kazen en breng op smaak met zout en peper. Meng alles goed met je handen. Je kunt het gehaktmengsel op dit punt in de bereiding afdekken en een paar uur of zelfs een nacht in de koelkast zetten, tot je het nodig hebt.
Rol tussen je handen balletjes van het gehakt. Bak de balletjes in porties in de rest van de olie en boter tot ze goudbruin zijn. Leg ze op een schaal en houd ze warm in de oven.
Deze balletjes zijn heerlijk, of je ze nu heet, warm of koud serveert. Als je wilt, kun je er de tomatensaus van Natalia's Timballo bij geven (p.27).

Voor 6 personen

Caciu all'Arginterа

Gebakken kaas

60 ml extra vergine olijfolie

3 tenen knoflook, grof gehakt

4 plakken Caciocavallo, ongeveer 1½ cm dik

2 el witte balsamicoazijn

1 el oreganoblaadjes, kleingesneden

versgemalen zwarte peper

Caciocavallo is een traditionele middelharde Siciliaanse kaas. Dit is een heel eenvoudig maar heerlijk recept voor een lichte lunch.

Verhit de olie op laag vuur in een grote koekenpan. Bak de knoflook tot die licht goud begint te kleuren en schep de knoflook er dan uit. Draai het vuur naar middelhoog en voeg de kaasplakken toe aan de pan. Bak ze aan beide kanten tot ze licht goudbruin zijn. Schenk de azijn over de kaas en voeg de oregano en de peper toe. Dek de pan af en laat een paar minuten op het vuur staan. Serveer de kaas meteen met wat knapperig brood – de kaas moet goed heet zijn.

Voor 4 personen

Carciofi Ripieni

GEVULDE ARTISJOKKEN

4 jonge artisjokken
½ biologische citroen
125 ml extra vergine olijfolie
4 ansjovisfilets in olie, uitgelekt
2 tenen knoflook, geperst
50 g vers broodkruim
½ bos platte peterselie, fijngesneden
20 g ingemaakte kappertjes, uitgelekt
50 g pecorino, versgeraspt
zout en peper
150 ml droge witte wijn

Verwarm de oven voor op 180 °C.
Maak de artisjokken klaar door de stelen op 2½ cm van de onderkant af te snijden. Verwijder de buitenste bladeren en snijd een derde van de bovenkant eraf. Houd de artisjokken vast aan hun steel en sla ze kort tegen het aanrecht tot ze opengaan en hun hooi laten zien (als ze erg jong zijn, hebben ze misschien geen hooi). Snijd het hooi met een scherp mes weg en wrijf snel met de citroen langs de snijvlakken om te voorkomen dat die verkleuren.
Verhit de helft van de olie in een koekenpan. Voeg de ansjovis en de knoflook toe en fruit zachtjes op laag vuur. Voeg het broodkruim toe en bak al roerende nog een paar minuten. Wees voorzichtig, laat het mengsel niet aanbranden. Voeg de peterselie en de kappertjes toe en roer nog 3 minuten. Meng de geraspte kaas er grondig door en neem de pan van het vuur. Laat een beetje afkoelen en voeg naar smaak zout en peper toe.
Maak de artisjokken voorzichtig met je vingers open en vul hun binnenste met de vulling. Probeer ook wat tussen de bladeren te krijgen.
Beboter een ovenschaal licht. Leg de artisjokken erin en besprenkel ze met de rest van de olie. Bak ze 20 minuten. Schenk de wijn over de artisjokken en zet ze nog 20 minuten in de oven, tot ze heerlijk knapperig zijn.
Je kunt ze het beste op kamertemperatuur eten.

Voor 4 personen

Crostata
DI AMARETTI E *Cioccolato*
AMARETTI-CHOCOLADETAART

DEEG

250 g zelfrijzend bakmeel

120 g fijne suiker

2 biologische eidooiers

120 g boter op kamertemperatuur

snufje zout

VULLING

4 biologische eiwitten

75 g pure chocolade, fijngehakt

75 g amandelen, geroosterd en fijngehakt

75 g amarettokoekjes, fijngemaakt

poedersuiker om mee te bestuiven (eventueel)

Maak het deeg door alle ingrediënten in een keukenmachine te mengen. Maak er een bal van en leg die een uur te rusten in de koelkast.

Verwarm de oven voor op 180 °C en beboter een springvorm van 23 cm doorsnede.

Rol het deeg op een licht met bloem bestoven werkblad uit en bekleed er de springvorm mee.

Klop voor de vulling de eiwitten tot ze stijve pieken vormen, maar nog niet droog zijn. Spatel de chocolade, de amandelen en de amaretti erdoor. Schenk de vulling in de deegvorm en zet die ongeveer 35 minuten in de oven.

Neem de taart uit de oven. Verwijder de rand van de springvorm en haal de taart van de bodem. Laat de taart helemaal afkoelen en serveer hem bestoven met poedersuiker, als je dat wilt.

Voor 6 personen

Het eiland Ortigia

Links: Het eiland Ortigia vanaf het water

SYRACUSE IS VOOR HET OOSTEN VAN SICILIË WAT PALERMO IS VOOR HET WESTEN. Een aantal grootse historische gebeurtenissen hebben er plaatsgevonden. De stad werd in de achtste eeuw voor Christus gesticht door Griekse kolonisten en groeide uit tot een van de machtigste steden van hun rijk, beroemd in de hele Griekse wereld. Syracuse kan er trots op zijn, dat Archimedes een van zijn vroege burgers was. Later werd de stad de thuisbasis van een parade van opeenvolgende veroveraars, die allemaal hun stempel hebben gedrukt op dit werelderfgoed.

Net buitengaats van Syracuse, verbonden met het vasteland door een honderd meter lange brug, ligt het eilandje Ortigia, beroemd om zijn middeleeuwse en barokke gebouwen. Ortigia is klein, met een omtrek van niet meer dan een paar kilometer, en heeft een heel eigen sfeer. Het stadje heeft veel van de elementen die ik fijn vind aan een stad: het is niet te groot, de gebouwen zijn mooi, er is beperkt toegang voor auto's en het heeft een uitzonderlijk goede markt en zeer goede restaurants. En daarbij heeft Ortigia een prachtige ligging in zee, met een werkende haven. Iedere keer dat ik erheen ga, geniet ik immens.

Ortigia is een zeer charmante stad. De belangrijke gebouwen, en vele andere, zijn zorgvuldig onderhouden of gerestaureerd en het feit dat het eigenlijk één voetgangersgebied is, geeft het een speciaal karakter dat het gemeen heeft met steden

Boven: Het fort van Miniace (linksboven) op de kaap van Ortigia

als Venetië. Omdat we er in de lente waren, ontdekten we dat de stad een wedstrijd houdt, 'Ortigia in Fiore', wie heeft de mooiste tuin of de mooiste uitstalling van bloemen. Overal waar we keken stonden de vensterbanken vol bloeiende planten, waren de balkons en ingangen volgezet met potten vol bloeiende struiken en planten – minituintjes die er prachtig uitzagen en ons vertelden dat de inwoners erg trots zijn op hun stad.

De beste manier om Ortigia te bekijken, om de stad echt mee te maken, is wandelen. In een paar uur kun je het grootste deel van het eiland zien. Op onze eerste avond in Ortigia besloten we tot een hernieuwde kennismaking van zijn geneugten. Eerst slenterden we over de kade, die zich uitstrekt tot de lengte van de haven en waaraan grootse gebouwen staan. Toen we een blok landinwaarts gingen, kwamen we terecht in een doolhof van straatjes en middeleeuwse gebouwen. Sommige stegen zijn zó smal, vooral in de oude Joodse buurt, dat je met je armen uitgestrekt de gebouwen aan beide zijden van de steeg aan kunt raken. In het centrum van het eiland is een groot piazza en daar vind je de rijkst versierde gebouwen van het eiland – de kathedraal, het stadhuis, het bisschoppelijk paleis en nog een kerk. De gebouwen en de plaveien van het piazza zijn allemaal gemaakt van een lichtgekleurde plaatselijke steensoort, die het

algemene beeld een aangename uniformiteit geeft. Boven de hoge muur van een tuin die over het piazza uitkijkt, steken net de toppen van een paar citrusbomen uit.

Na onze wandeling gingen we op het terras van een *caffè* zitten om van de omgeving te genieten. We dronken een sterke espresso en probeerden een citroensorbet, die heerlijk zurig was (wit vanbuiten en het bleekste geel vanbinnen). Het was vroeg in de avond en de *passegiata* was in volle gang. Een trage parade van mensen van alle leeftijden, die wilden zien en die gezien wilden worden, trok aan ons voorbij. Ik zag hoe een doffer een enorme twijg in zijn snavel tussen de tafeltjes door sleepte terwijl hij achter een vrouwtje aanzat, alsof hij riep: 'Kijk eens naar het nest dat ik voor je gebouwd heb!' Een aantal plaatselijke jongens voerde een vergelijkbaar schouwspel op voor de plaatselijke meisjes, die net deden alsof ze niets zagen.

We liepen van het piazza naar een restaurant dat ons aangeraden was en ik stopte voor de deur om het menu te lezen. Ik merkte dat een oudere man ons geïnteresseerd bekeek en vroeg hem: 'Kun je hier lekker eten?' Hij antwoordde: 'Nou, de porties zijn klein, het eten is niet best en het is duur!' Na die informatie vroeg ik hem waar hij dan liever zou gaan eten en hij noemde een restaurant dat niet ver was. Buiten het tweede restaurant stond een andere man, dus ik vroeg hem: 'Kun je hier

Rechtsboven: Het Piazza Ortiga
Volgende pagina's: Straatleven en boten

DIVIETO DI AFFISSIONI

ESCURSIONI
Blu Marlin

ESCURSIONI

lekker eten?' 'Dat hangt ervan af,' antwoordde hij. 'Waar van?' vroegen we. 'Van mij. Ik ben de eigenaar en de kok.' Natuurlijk besloten we te blijven en we genoten van zo'n diner dat je bijblijft, waarbij je niets bestelt en eten en drinken gewoon komen. Het restaurant was Panta Rei en de kok heet Donato Tetto.

We hebben op Ortigia overigens een aantal maaltijden gegeten die ons bij zijn gebleven. Voor de lunch bestelden we een keer insalata caprese (mozzarella en tomaten) en er arriveerde een bord met drie balletjes van de meest verse en mooiste mozzarella en plakjes nog een beetje groene tomaat (Sicilianen hebben hun tomaten het liefst 'met groene schouders') en een geweldige plaatselijke olijfolie. De ober verontschuldigde zich vriendelijk: 'U moet vijf minuten wachten, want het brood wordt nog gebakken.' En wat was het brood lekker, gemaakt van geel grano-duro-meel. Een uiterst eenvoudig maal, maar ware perfectie.

Op een andere dag aten we een verrukkelijke lunch van verschillende visgerechten. Door het restaurant heen konden we de vissersboten hun vangst zien lossen op de kade. In het restaurant werd diezelfde vangst groots uitgestald op ijs. Iedereen die binnenkwam, ging meteen die kant op en maakte een keuze.

Een van de grote geneugten van Ortigia is de kwaliteit en de versheid van de

producten. De plaatselijke markt is alles waar je op hoopt en we wilden er tijdens ons bezoek per se naartoe. De markt wordt gehouden aan een brede straat met aan het ene eind de ruïnes van een oud Romeins forum en aan het andere eind de Porto Piccolo, met de zee erachter.

Het viel ons op dat een deel van de producten anders was dan wat we in Palermo hadden gezien. Er waren bergen plaatselijke citroenen die groen gegeten worden (in het achterland van Syracuse is een groot gebied waar citrusvruchten worden verbouwd), mandarijnen, kleine cactusvruchten, kappertjes en bergen strattu (geconcentreerde tomaat). Een andere plaatselijke specialiteit zijn gedroogde tomaten, die verbouwd worden in de duinen bij Pachino in het zuiden – ze krijgen een natuurlijke zoute smaak die heel apart is.

Er waren heel veel plaatselijke kazen, waaronder kort gekookte mozzarella en tricotta (tweemaal gekookte ricotta). De kaasboer was een wijs man: 'Het is makkelijker om kaas te maken dan om kinderen te maken,' zei hij, 'met kaas kun je meteen zien of het gelukt is.'

Misschien is het het uitzicht op de Porto Piccolo aan het einde van de straat, of het besef dat Ortigia een eiland is, maar wat mij betreft waren de visboeren de ster-

Boven: Kazen en gedroogde Pachinotomaten (rechtsonder)
Links, onder: Michele geniet van een perfecte mozzarella-tomatensalade

Boven: Zwaardvis op de markt
Rechts: Antonio Drago en zijn specerijen
Volgende pagina's, rechts: Papyrus die in een beroemde waterbron groeit

ren van de markt. In Palermo zijn in de lente grote moten rode tonijn de trots van de marmeren toonbanken. In Ortigia regeren de zwaardvissen. Het bleke vlees van de zwaardvis maakt geen indruk zoals het vlees van de tonijn dat doet, dus benadrukt de zwaardvis zijn aanwezigheid met zijn lange zwaard, dat van zijn kop de hemel in steekt. Zwaardvissen worden gevangen net buiten Ortigia, in de Straat van Messina tussen Sicilië en het vasteland, en de vangst vindt plaats in de lente. Rond de zwaardvissen lagen de mindere zeewezens (allemaal heerlijk) uitgestald – kleine pijlinktvissen, kleine octopussen, mosselen, zee-egels en heel veel plaatselijke vissoorten.

Een verkoper van een van de visstallen vertelde me een klassiek migrantenverhaal (op de markt is kletsen net zo belangrijk als de producten) over zijn neef, die naar Australië was gegaan om een kleine schapenfarm te beginnen buiten Melbourne. 'Het werd niets,' zei hij. 'De schapen gingen allemaal dood omdat ze vergiftigd werden door het goud dat in de grond zat.' De goudkoorts in Melbourne is meer dan honderdvijftig jaar geleden, maar de legende leeft voort op Ortigia!

De markt van Ortigia heeft de beste specerijen- en kruidenwinkel die ik op heel Sicilië gezien heb. Op een hoek, halverwege de markt, heerst Antonio Drago over een grot van Aladdin met zakken, dozen, potten en blikken die de bijzonder-

MISWAK
ARAK
SCORZE
ARANCIA
ZENZERO
CANDITO
CAPER
CUCUMBER
MISTO
SPAGHETTI
CAMPAGNOLA
UVA
PASSITA
CAPPERI

LE OLIVE COME
UNA VOLTA....
ALLA
CONTADINA
SALAMOIA-ANETO-AGLIO
LIMONE-PEPERONCINO
....E BASTA!

BORLOTTI
MINESTRONE
di

FIENO
GRECO
SENAPE
MOSTARDA
GIALLA
CARVI
KÜMMEL
PAPRIKA
FORTE
CREN
RAFANO

Boven: De Ortigiakade met vijgenbomen

ste aroma's vrijgeven. Hij zegt dat hij elke specerij die je je maar kunt bedenken verkoopt en hij heeft over al die heerlijkheden een verhaal. Van Antonio leerden we dat carobenoten gebruikt werden om goud mee te wegen, vanwege hun uniforme gewicht. Het karaat, de eenheid waarin het goudgehalte gemeten wordt, komt dan ook van het woord carobe. Antonio Drago is een eenmansencyclopedie van kennis over het plaatselijke voedsel.

Ik heb altijd gevonden dat je eilandsteden het best kunt bekijken vanaf het water. Bij sommige kijken de gebouwen uit over de zee, om het uitzicht te vergroten. Maar bij veel van de oudere eilandsteden zijn de gebouwen uit bescherming juist naar binnen gericht en Ortigia is zo'n stad. De reisgidsen vertellen je dat Ortigia zeven keer verwoest en opnieuw opgebouwd is, dus je kunt je voorstellen dat de inwoners het gevoel hadden dat ze zich moesten beschermen.

Ortigia ziet er vanaf zee wonderschoon uit. Langs de hoofdkade staan aaneengegroeide vijgenbomen en daarachter rijzen de classicistische stenen gevels op. In het midden van de oever is een beroemde zoetwaterbron, omgeven door papyrus. Het is niet alleen een mooie, mysterieuze plek, maar de bron was ook van strategisch belang wanneer het eiland belegerd werd. Op de kaap staat het fort van Maniace,

gebouwd door Frederik II, dezelfde koning die een voorvader van Conte Federico in Palermo is. Vanaf het water kun je een laag poortje in de muur zien dat leidt naar een afdakje in de rotsen en een ondiepe poel, duidelijk door mensenhanden gemaakt. De plaatselijke legende is dat Frederik hier kwam baden met zijn *ancelle* (liefjes). In zijn tijd konden de mensen niet zwemmen, dus het moet een uitzonderlijke luxe geweest zijn dat hij zijn eigen waadbad had.

Boven, links: Kerk op het Piazza Ortigia

Op onze laatste avond op Ortigia aten we in een restaurant aan een lange, hoge promenade die uitkijkt over het water, richting de ondergaande zon. Vaak wordt je op dit soort plekken teleurgesteld – ze zijn te toeristisch of het schitterende uitzicht maakt dat het restaurant denkt dat het wegkomt met matig eten voor hoge prijzen. In dit geval gold geen van beide en de hele ervaring was Ortigia op zijn best.

Als ik denk aan recepten die de geest van Ortigia het beste uitdrukken, is mijn eerste keuze Caponatina, een groentegerecht van paprika's, aubergines, tomaten en uien. Volgens een plaatselijk gezegde kunnen alle Siciliaanse vrouwen caponatina maken – de vaardigheid wordt van moeder op dochter overgedragen 'con il latte della mamma' (met de moedermelk). De klassieke caponatina is een zoetzuur gerecht waar zowel azijn als suiker in gebruikt wordt. Elke restaurant (en elke fami-

lie) lijkt het gerecht anders te maken, maar ze maken het allemaal. Het is een echte Siciliaanse specialiteit. Als je het proeft, begrijp je denk ik wel waarom er zo hoog over opgegeven wordt.

Fave con Pecorino zijn jonge tuinbonen besprenkeld met olie en geserveerd met pecorinokrullen. Ze worden vaak opgediend als *stuzzichino*, borrelhapje.

Een ander groentegerecht, Radicchio alla Griglia, is de eenvoud zelve, maar heel lekker. De felgekleurde en tamelijk bittere radicchiobladeren worden geroosterd en op smaak gebracht met niets dan olie en zout.

Porri e Patate al Forno (prei-aardappelgratin) is een gerecht dat je echt heerlijk zult vinden. Laagjes prei en aardappel, overgoten met room, bestrooid met rozemarijn en knoflook en dan gebakken. Het wordt zó gegeten, of als bijgerecht bij vis of vlees.

Ik moet een recept met Ortigia's beroemde zwaardvis opnemen en ik heb gekozen voor een eenvoudig gerecht met gegrilde zwaardvis in een Salmorigliosaus. Dat is een emulsie van olie en citroensap, geparfumeerd met oregano, waarvan men denkt dat hij stamt uit de Griekse tijd en die wonderwel bij de vis past.

Als dessert heb ik Torta di Noci (walnotentaart) gekozen, die gemaakt wordt van room, walnoten en broodkruim, een heel Siciliaanse combinatie.

Caponatina

1 kg kleine, jonge aubergines
250-375 ml extra vergine olijfolie
2 rode paprika's, in stukjes
1 grote rode ui, gesnipperd
2-3 stengels bleekselderij, in stukjes
2 wortels, in blokjes
10 ansjovisfilets in olie, uitgelekt
250 g tomatenpuree
400 g Italiaanse tomaten uit blik
75 ml rodewijnazijn
1 el suiker
70 g groene olijven zonder pit
2 el pijnboompitten, licht geroosterd
1 flinke handvol platte peterselie, fijngesneden
zout en peper
1 flinke handvol basilicumblaadjes, fijngesneden

Als je kleine, jonge aubergines gebruikt, hoef je ze niet te zouten om de bitterheid eruit te trekken.

Snijd de aubergines in blokjes van 2 cm.
Verhit 200 ml van de olie in een grote pan. Bak hierin de auberginebIokjes tot ze rondom goudbruin zijn. Neem ze uit de pan met een schuimspaan en laat ze uitlekken op keukenpapier.
Voeg zo nodig meer olie toe en bak de paprikastukjes tot ze zacht zijn. Neem ze uit de pan en laat ze uitlekken op keukenpapier.
Voeg nog wat olie toe aan de pan en bak de ui, de bleekselderij en de wortels tot ze zacht, maar niet bruin zijn. Voeg de ansjovis en de tomatenpuree toe en bak alles 5-10 minuten, tot het mengsel dik en donkerrood is. Voeg de tomaten uit blik toe en laat 15 minuten op laag vuur koken. Roer af en toe. Roer de azijn en de suiker erdoor en laat 10 minuten zachtjes koken.
Voeg de olijven, de pijnboompitten en de peterselie samen met de aubergines en de paprika's toe. Laat nog 10 minuten koken, neem van het vuur en laat afkoelen.
Breng vlak voor het opdienen op smaak met zout en peper en roer het basilicum erdoor. Serveer op kamertemperatuur of koud.

Voor 6 personen

Fave con *Pecorino*

TUINBONEN MET PECORINO

400 g zeer jonge tuinbonen
200 g pecorino
60 ml extra vergine olijfolie van goede kwaliteit
zeezoutvlokken

Dit is een gerecht dat het beste in de lente gemaakt kan worden, wanneer de tuinbonen vers en jong zijn. Eet het voor het voorgerecht,, met een lekker glas lichte rosé, terwijl je wacht tot je maaltijd komt.

Dop de tuinbonen. Als ze heel jong zijn, hoeven ze niet geblancheerd en gepeld te worden. Schaaf de pecorino over de bonen en sprenkel er olijfolie over. Bestrooi met zout en serveer.

Voor 4 personen

Radicchio alla Griglia

GEROOSTERDE RADICCHIO

½ jonge radicchio per persoon
extra vergine olijfolie
zoutvlokken
versgemalen zwarte peper

Dit zeer eenvoudige gerecht is een heerlijk bijgerecht bij vis of vlees en net zo lekker als onderdeel van een antipasto.

Verhit een barbecue of grillpan tot hij heet is.

Snijd de radicchio in kwarten en besprenkel die met olijfolie.

Rooster ze een paar minuten tot ze beginnen te kleuren.

Leg ze op een schaal en besprenkel ze met nog wat olie. Bestrooi met zout en peper en serveer.

Porri e patate *al Forno*

PREI-AARDAPPELGRATIN

50 g boter
3 el extra vergine olijfolie
6 jonge preien, zonder groen en in ringen
3 tenen knoflook, in dunne plakjes
1 kg vaste aardappelen , in heel dunne schijfjes
350 ml slagroom
2 verse takjes rozemarijn, zonder takjes
zout en peper

Verwarm de oven voor op 200 °C.
Verhit de boter en de olie in een grote pan. Voeg de prei en de knoflook toe, dek de pan af en fruit 15 minuten op laag vuur. Roer af en toe. De prei moet zacht en zoet zijn.
Beboter een ovenschaal en leg een laag aardappelschijfjes op de bodem. Bedek met wat prei, schenk er wat room over en bestrooi met een beetje rozemarijn, zout en peper. Ga door met laagjes maken tot alle ingrediënten op zijn. Eindig met een laag aardappel, bedekt met room en bestrooid met rozemarijn, zout en peper.
Zet 35 minuten in de oven, tot de bovenkant goudbruin is.

Voor 6 personen

Pesce SPADA AL *Salmoriglio*

GEROOSTERDE ZWAARDVIS MET SALMORIGLIOSAUS

SALMORIGLIOSAUS

120 ml extra vergine olijfolie

60 ml warm water

sap van 1 biologische citroen

2 tenen knoflook, fijngehakt

1 el verse oregano, fijngesneden

1 el platte peterselie, fijngesneden

1 kleine rode peper, gedeeltelijk zonder zaadjes en fijngehakt (eventueel)

4 plakken zwaardvis van elk 150 g en ca. 1 cm dik

1 el extra vergine olijfolie

zoutvlokken en peper

Oregano en knoflook zijn twee zeer traditionele smaakmakers in de Siciliaanse keuken. Ze zijn meegenomen door de Grieken en je vindt ze in allerlei geroosterde gerechten.

Verhit de grill tot hij heet is.

Klop voor de saus de olie in een mengkom terwijl je langzaam het warme water en het citroensap erbij schenkt. Klop voortdurend, zodat zich een emulsie vormt. Voeg de knoflook, de kruiden en de rode peper (als je die gebruikt) toe.

Dep de plakken zwaardvis droog met keukenpapier en wrijf ze rondom in met olie. Rooster ze ongeveer 2 minuten aan elke kant. Neem de visplakken van de grill en breng ze op smaak met zout en peper. Lepel de saus over de vis en serveer meteen. Je kunt de saus er ook apart bij serveren in een warme kan.

Voor 4 personen

Torta di Noci

WALNOTENCAKE

180 g vers broodkruim
200 g walnoten, licht geroosterd
300 g fijne suiker
100 g boter op kamertemperatuur
6 biologische eieren, gesplitst
200 verse ricotta
1 tl gemalen kaneel
½ tl gemalen kruidnagelen
rasp van 1 biologische citroen
snufje zout
1 el poedersuiker om mee te bestuiven

In deze cake worden broodkruim en walnoten gebruikt in plaats van bloem. Het is een heel lichte maar geurige cake die 's middags bij de thee het lekkerst is.

Verwarm de oven voor op 190 °C.

Beboter de rand van een springvorm en bekleed de bodem met bakpapier. Strooi ¼ kopje van het broodkruim op de rand van de vorm en druk licht aan.

Maal de walnoten met de helft van de suiker in een keukenmachine tot een fijne, bloemachtige consistentie.

Klop de rest van de suiker en de boter met een mixer tot een heel licht en luchtig mengsel. Voeg de eidooiers een voor een toe en blijf kloppen tot ze helemaal opgenomen zijn en het geheel licht en luchtig is. Spatel het walnotenmengsel, de ricotta, de specerijen, de citroenrasp en het zout erdoor.

Klop de eiwitten in een aparte kom tot ze stijve pieken vormen. Spatel ze door het cakebeslag en schenk dit in de bakvorm. Zet 35-40 minuten in de oven.

Neem de springvorm uit de oven , verwijder de rand en laat de cake helemaal afkoelen. Leg de cake op een groot bord en bestuif hem met poedersuiker.

Voor 8 personen

De Etna

LEVEN OP HET RANDJE

Randje

Links: De Etnavulkaan met rook uit de top

HET LANDSCHAP IN DE NOORDOOSTELIJKE HOEK VAN SICILIË WORDT GEDOMINEERD door de broedende aanwezigheid van de Etna. De Etna is met zijn hoogte van meer dan 3300 meter en vrijwel het hele jaar besneeuwde top een frappante verschijning aan de horizon. Het opmerkelijkste aan de Etna is echter niet zijn hoogte, maar het feit dat het een werkende vulkaan is. Bij daglicht kun je rookpluimen boven de top zien hangen of, nog zorgwekkender, uit de zijkanten van de berg zien komen. 's Nachts is het schouwspel indrukwekkend. Hoog op de zwarte hellingen loopt de lava als een rode handschoen naar beneden. De Etna leeft en is gevaarlijk. Vulkanologen en volksverhalen zeggen dat deze kleine uitbarstinkjes de druk verlichten en ervoor zorgen dat de berg niet ontploft, maar dat is alleen maar nattevingerwerk, of misschien *wishful thinking*.

De Etna dreigt, maar geeft ook. De vulkanische grond en het zachte microklimaat rond de berg maken dit gebied bijzonder vruchtbaar en productief. Vruchten, wijnstokken en noten groeien er in overvloed en staan bekend om hun kwaliteit. De plaatselijke bevolking noemt dit de *Etna Dolce* – lieve Etna. Vissers geloven dat Etna Dolce zich ook uitstrekt tot de vis en de zeevruchten. Op de zeebodem groeien verschillende soorten zeewieren en op de lavarotsen groeien grassen. Deze geven de vissen, die de wieren en grassen eten, een betere smaak. Maar hoe de rijkdom-

SAN DOMENICO
PALACE HOTEL
TAORMINA

Boven: Taormina bij schemering

men van Etna Dolce ook mensen aan blijven trekken, dichter naar de berg toe, de gevaren zijn reëel. Dit is leven op het randje.

Onze eerste halte in het gebied van de Etna was de beroemde prachtplek Taormina. Liggend op een steile helling met de zee beneden en de Etna in het zuiden, heeft het stadje adembenemende uitzichten. Ongeveer honderdvijftig jaar geleden werd het 'ontdekt' door een groep rijke Noord-Europese bohémiens die er villa's bouwden voor de zomer of als wijkplaats voor het hele jaar. De oude villa's en tuinen zijn er nog steeds, hoewel de meeste omgebouwd zijn tot hotels of bezienswaardigheden voor de honderden toeristen die er komen. Het is ontegenzeggelijk pittoresk, maar ik vind dat de druk van het toerisme het stadje beheerst.

Mijn favoriete moment in Taormina was toen wij op het terras van hotel San Domenico een aperitivo zaten te drinken terwijl de zon onderging. Het San Domenico was ooit een klooster en de grote gevel is bedekt met massa's paarse en rode bougainville, als om de kardinalen en bisschoppen uit het verleden te eren. De tuinen onder het terras zijn prachtig aangelegd en rijk beplant. Een klif loopt steil de zee in en aan je rechterhand is een lang looppad dat aan het einde omkaderd wordt door Norfolk-coniferen. In het midden van het kader is de Etna te zien, met

een rookpluim die langs de hemel sliert. Op zulke momenten begrijp je de aantrekkingskracht van Taormina op de mensen die kwamen en nooit meer vertrokken.

De noordelijke hellingen van de Etna lopen uit in ruime, open dalen en dit gebied wordt intensief bebouwd. We verbleven in de agriturismo Borgo San Nicolao, het boerenbedrijf in het dal van de familie La Mancusa. Op de boerderij tieren vruchtenbomen, olijven en wijnstokken welig maar ordelijk in het terrassenlandschap. Een van de broers, Francesco, runt de boerderij, en een andere, Santo, is kaasmaker (zie hem bezig met zijn ambacht op p.149). Op het hoogste gedeelte van het land staat een stenen gebouw – een *nevaia*, of sneeuwhuis. In vroeger tijden werd sneeuw van de berg naar beneden gehaald en opgeslagen onder lagen varenbladeren en zout om in de zomer verkocht te worden. Het opmerkelijke aan het boerenbedrijf van de La Mancusa's is dat het helemaal biologisch gedreven kan worden. Het lijkt alsof de lava een opmerkelijk effect heeft op de grond en de lucht, zodat de meeste gewassen geen chemische middelen nodig hebben maar alleen een beetje zorg. De olijven bijvoorbeeld, hebben geen last van de olijfvlieg – het probleem dat de Titones in hun olijfboomgaard maar met moeite wisten te overwinnen.

Boven: De tuinen van het San Domenico hotel, Taormina

Boven en rechts: De Passopisciaro wijngaard op de Etna; wijnmaker Vincenzo Lo Mauro (onder)

Verder bergopwaarts, aan de rand van een natuurgebied, kun je nieuw aangeplante wijnstokken zien staan. Wijn van de Etna – Etna DOC – heeft een groeiende reputatie als het gaat om innovatie en kwaliteit. De zwarte lavagrond en de hoogteligging – wijnstokken groeien tot op een hoogte van 1000 meter – stellen nieuwe wijnmakers in staat om wijnen te produceren met sterke lokale eigenschappen. We bezochten zo'n wijngaard, hoog boven op de berg: Passopisciaro. Deze wijngaard is ontwikkeld door Andrea Franchetti, een Toscaanse wijnproducent die zich aangetrokken voelt door de speciale mogelijkheden van het gebied.

Tijdens ons bezoek werd ons verteld dat Passopisciaro wijn had geproduceerd tot in 1943 een lavastroom tot de rand van het terrein kwam en de productie stopzette. Het was fascinerend om een kaart van de wijnen van het gebied te bekijken. Je kon de verschillende wijngaarden en hun hoogteliggingen zien, maar je kon ook zien hoever en wanneer de lavastromen over het land gelopen zijn. Er staan lavastromen tot 800 meter laag op in 1911 en tot 800-1000 meter laag in 1943 en 1947.

Net als de gewassen van de boerderij Borgo San Nicolao in het dal, hebben de wijnstokken van Passopisciaro minder chemische behandelingen nodig per seizoen – vijf of zes, vergelijk dat eens met de misschien twintig behandelingen in

Boven en rechts: Uitzicht op het huis en landgoed van Nelsons in Maniace

een gemiddelde wijngaard in Piemonte. De hoogteligging zorgt ook voor een groot verschil tussen de dag- en nachttemperatuur (ongeveer 12 °C), wat een tragere rijping, een latere pluk en een vollere smaak betekent. De ontwikkeling van verfijnde wijnproductie hoog op de Etna is iets heel nieuws en ik verwacht dat we er nog veel meer van zullen horen in de toekomst.

Ten westen van de Etna ligt de stad Bronte, het productiecentrum van de pistachenoot, een populair ingrediënt in de plaatselijke keuken. Voordat ik het stadje bezocht, wilde ik de voorvaderlijke zetel van de hertogen van Bronte in het nabije dal bekijken. Dit is het huis dat Lord Nelson geschonken kreeg door de dankbare koning van Napels nadat Nelson Napoleon ter zee verslagen had. Nelson werd tot hertog van Bronte geslagen en kreeg een oude abdij in het dorp Maniace en 16.000 hectare land – een enorm landgoed. Nelsons nazaten verbouwden de abdij tot een passend groot huis en woonden er af en aan tot het landgoed verkocht werd in de jaren tachtig van de vorige eeuw. Castello Nelson is een verzameling stenen gebouwen rond twee grote binnenplaatsen. Het hoofdgebouw is eerder lang dan breed en kijkt uit op een tuin, die in zijn tijd beroemd was in heel Europa. Hoewel de tuin redelijk verwaarloosd is, staan er nog genoeg bomen en muren om te kunnen zien

hoe het er in de hoogtijdagen uit moet hebben gezien. Op een heuvel in de verte, die onderdeel is van het landgoed, kun je cipressen zien die geplant zijn in de vorm van de hertogskroon, alleen een paar bomen zijn doodgegaan en daardoor is de kroon een beetje afgezakt. Vanbinnen is het huis goed bewaard gebleven, met veel 'gedenkwaardigheden' van Nelson en grote schilderijen van zeeslagen. Met beschilderde tegels op de vloeren en meubilair uit Engeland en Italië is het een comfortabele mix tussen een Italiaans palazzo en een Engels buiten.

Na ons bezoek aan Castello Nelson gingen we verder richting Bronte. Het stadje is gebouwd van zwarte lavasteen en rommelig uitgespreid over een helling en het is daardoor niet zo'n fraaie plaats. Het heeft echter een uitzonderlijk goede eetwinkel, de pasticceria Conti Gallenti. We ontdekten de winkel, zoals je zo vaak de beste plekken vindt, door aan iemand op straat te vragen waar we het lekkerste ijs konden eten. Ik moet iets bekennen. Het doel van ons bezoek was om pistache-ijs te proeven – dit is tenslotte het pistachecentrum van Sicilië – maar ik heb altijd een zwak gehad voor nocciola (hazelnotenijs) en ik moet het overal waar ik kom proeven. Ik moet zeggen, het was de beste nocciola die ik ooit geproefd heb, en dat zegt wat!

Boven: Pistache-ijs in een brioche (links) en mijn nocciola (rechts) van Pasticceria Conti Galenti

Boven: St. Agatha (linksonder) en de kathedraal (rechtsonder), Catania

Mijn echtgenoot Michele en Simon, onze fotograaf, namen het pistache-ijs, dat prachtig bleekgroen, nootachtig en heerlijk was. Zij proefden ook een plaatselijk bedacht drankje dat Iceburg heette, een bolletje zurige citroengranita, geserveerd in een hoog glas met bruisend mineraalwater. Zeer verfrissend.

Wanneer je Bronte verlaat, kun je de pistachebomen zien staan op de heuvels. De grond is helemaal van zwarte lavasteen, scherp en opengebarsten, en de pistachebomen groeien in de barsten en spleten. Het zijn kleine bomen, meer grote struiken, en ze zien er een beetje uit als slordige, losse vijgenbomen. De combinatie van het ruwe terrein en de sjofele begroeiing is niet zo mooi, maar de omstandigheden produceren een pistachenoot die niet alleen een hoog oliegehalte heeft, maar ook heel veel smaak.

Onze tocht langs de Etna eindigde in de provinciale hoofdstad Catania. De Etna is altijd een bedreiging geweest voor Catania. Ieder jaar wordt de beschermheilige van de stad, de heilige Agatha, uit haar tombe in de kathedraal gehaald en in een lange processie rondgedragen langs de poorten van de stad. Als er een uitbarsting was, werd de heilige Agatha aangeroepen om die te stoppen.

Boven: De Etna en het vruchtbare land

Catania is een nogal sombere en wanordelijke stad, gebouwd van zwarte lavasteen, soms met witte banden. De Duomo (kathedraal) is een groots gebouw met een prachtig interieur. Als je in de kathedraal staat en je kijkt terug door de open deur, voorbij de laaghangende banieren, kun je het piazza zien en daarachter een lang stuk van de Via Etna, die rechtstreeks naar de Etna zelf leidt. In een nabije pasticceria verkopen ze een lokale specialiteit – kleine, met marsepein overtrokken taartjes in de vorm van borsten, compleet met tepels. Deze vertegenwoordigen de heilige Agatha, wier borsten werden afgesneden bij haar marteldood. Het is een akelig verhaal en een nogal bizarre manier om het te herdenken, maar het past wel bij de sfeer van de stad.

Zoals je zou verwachten, is het voedsel dat je eet rond Etna Dolce inderdaad erg lekker.

We hebben een aantal keren uitzonderlijk goed gegeten bij Borgo San Nicolao, waar het eten goed plattelandsvoedsel was, *molto tipico*. Een antipasto-selectie van plaatselijke kazen en hamsoorten werden gevolgd door verschillende pastagerechten en dan wat vlees of vis. Om het diner af te sluiten, kregen we een huisgemaakte likeur als digestivo. Ik heb het recept voor de Pasta al Borgo San Nicolao al gegeven

(p.118), dus hier neem ik het recept voor Liquore all'Alloro op, een likeur gemaakt van laurierblad, die we daar gedronken hebben.

Ik heb twee recepten gekozen die ideaal zijn om met aperitivi te eten. Eerst is er Giardiniera (ingemaakte groenten) en dan Olive Verdi Siciliane (ingemaakte groene olijven). Deze borrelhapjes hebben beide een tamelijk scherpe, pittige smaak.

Een andere lekkere snack voor bij aperitivi is Sfincione, een lokale pizza. Ook een smakelijke lichte maaltijd.

Aubergines worden veel gebruikt op Sicilië en ik neem een recept op voor Melanzane alla Parmigiana, een gebakken-auberginegerecht. Je vindt versies van dit gerecht op heel veel Siciliaanse menukaarten, want het is een echte klassieker.

Involtini di Agnello (lamsvleesrolletjes met asperges) is een plattelandsgerecht dat je eet als je iets te vieren hebt. Als je de rolletjes proeft, begrijp je waarom ze voor speciale gelegenheden gemaakt worden.

Je zou erover kunnen twisten of sorbets en granite voor het eerst gemaakt werden met de sneeuw van de Vesuvius (bij Napels) of van de Etna. Hoe je er ook over denkt, het gebied rond de Etna is altijd beroemd geweest vanwege zijn geparfumeerde ijs gemaakt van sneeuw. Het ijs werd traditioneel uit het sneeuwhuis gehaald, geschaafd en toegevoegd aan zoete siropen met verschillende smaken. Ik heb drie geweldige granitarecepten opgenomen: Granita al Caffè (koffiegranita), al Gelso (moerbei) en de klassieke al Limone (citroen).

Ten slotte is er een recept met pistachenoten, Mazaresi, pistachekoekjes.

Links: De baai bij Taormina

Liquore all' Alloro

LAURIERLIKEUR

40 verse laurierblaadjes

½ fles wodka

500 g fijne suiker

200 ml water

rasp van 1 biologische citroen (zorg ervoor dat je alleen het geel van de schil gebruikt, want het wit is bitter)

Deze likeur is een geweldige digestivo om na een flink diner van te genieten!

Laat de laurierblaadjes en de wodka 14 dagen samen in een glazen pot trekken.

Voeg na die 14 dagen de suiker, het water en de citroenrasp toe en laat 2 maanden staan op een koele, donkere plek. Schud de pot af en toe, tot alle suiker opgelost is.

Zeef de likeur voordat je hem gaat drinken.

Voor ca. 1 liter likeur

Tè all' Alloro

LAURIERTHEE

2 verse laurierblaadjes per persoon

1 reep citroenschil per persoon

suiker

Dit is een heerlijke geurende thee, en weer eens wat anders is dan het gewone assortiment kruidentheeën. De thee is heel geschikt als digestief drankje na het eten.

Doe de ingrediënten in een theepot of in individuele kopjes, schenk er kokend water op en laat 3-4 minuten trekken voordat je de thee drinkt.

Giardiniera

INGEMAAKTE GROENTEN

INMAAKVLOEISTOF

800 ml wittewijnazijn van goede kwaliteit

800 ml water

2 el honing

6 jeneverbessen

6 kruidnagels

10 peperkorrels

2 kleine rode pepers

3 verse laurierblaadjes

8 kleine zilveruitjes

4 kleine wortels, in staafjes van 4 cm

4 stengels bleekselderij (jonge, lichtgroene), in staafjes van 4 cm

½ kleine bloemkool, in roosjes

200 g jonge sperziebonen, afgehaald

10 tenen knoflook, gepeld

Doe alle ingrediënten voor de inmaakvloeistof in een grote roestvrijstalen pan. Breng aan de kook, dek de pan af en laat 15 minuten zachtjes koken.

Voeg de uien toe en laat 5 minuten zachtjes koken. Voeg de rest van de ingrediënten toe en neem de pan, zodra de vloeistof weer gaat koken, van het vuur.

Steriliseer een pot van 2 liter inhoud of twee potten van 1 liter inhoud. Schep de groenten in de pot(ten) en schenk er genoeg vloeistof bij om ze onder te zetten. Sluit af en laat afkoelen.

Zet 2 dagen in de koelkast voordat je de groenten eet. Eenmaal geopend blijft de giardiniera tot 2 maanden goed in de ijskast.

Voor een pot van 2 liter

Olive VERDI Siciliane

INGEMAAKTE GROENE OLIJVEN

2 kg verse groene olijven
1 kg zout
3-4 wortels, in stukjes van 2 cm
3-4 stengels bleekselderij, in stukjes van 2 cm
3 verse laurierblaadjes
3 takjes wilde venkel (of verse dille)
2 kleine rode pepers
4 tenen knoflook
1 l wittewijnazijn
1 l extra vergine olijfolie

Kerf elke olijf met een scherp mes in. Leg ze in een kom waar ze ruim in passen. Voeg twee flinke handenvol zout toe en zet onder in koud water. Leg er een bord op, om te zorgen dat de olijven onder water blijven. Laat 24 uur staan.

Laat de volgende dag de olijven uitlekken en doe ze dan terug in de kom. Herhaal het procedé met vers water en zout. Herhaal dit dagelijks, tot de olijven hun bitterheid kwijt zijn, wat tot 18 dagen kan duren.

Laat de olijven uitlekken en doe ze terug in hun kom. Voeg de groenten, de kruiden, de rode pepers en de knoflook toe en zet alles onder in de azijn. Laat een nacht staan.

Laat de volgende dag uitlekken en spreid alle ingrediënten uit op een dienblad en laat ze 5 uur in de zon drogen. Keer ze regelmatig, zodat alles goed droogt.

Steriliseer een glazen pot van 2 liter inhoud of twee van 1 liter. Schep de gedroogde ingrediënten in de pot(ten) en schenk er genoeg olie bij om ze onder te zetten. Schud een paar keer om te zorgen dat de olie alles echt goed bedekt. Zet op een donkere plek, minstens een week, tot je de olijven gaat eten.

Voor ca. 2-2½ kg

Sfincione

PIZZA MET ANSJOVIS EN CACIOCAVALLO

PIZZADEEG

600 g ongebleekte bloem (liefst Italiaanse 'tipo 00')

2 tl zout

1 el gedroogde gist

3 el extra vergine olijfolie

ca. 375-500 ml warm water

BELEG

90-120 ml extra vergine olijfolie

2 grote rode uien, in dunne ringen

20 ansjovisfilets in olie, uitgelekt en in stukjes

20 zwarte olijven zonder pit

200 g Caciocavallo of pecorino, in kleine stukjes

2 el vers broodkruim

2 el verse oregano, fijngesneden

zoutvlokken en peper

Sfincione is een rijk belegde pizza die lekker is bij aperitivi, als voorafje en zelfs als licht hoofdgerecht.

Meng voor het pizzadeeg alle ingrediënten in een grote mengkom. Leg het deeg op het werkblad en kneed het tot het glad, glanzend en elastisch is. Als het er een beetje droog uitziet, voeg dan wat water toe. Als het te nat lijkt, voeg dan wat bloem toe. Maak er een bal van en bestrijk die met een beetje olie. Leg het deeg ongeveer een uur afgedekt met een theedoek op een warme plek.

Verwarm de oven voor op 220 °C.

Verhit ongeveer 2 eetlepels van de olie in een grote koekenpan en fruit hierin de uien 5 minuten, of tot ze zacht en doorschijnend zijn.

Bestrijk een bakplaat van 30 x 40 cm met olie. Rol het pizzadeeg uit en leg het op de bakplaat. Gebruik je vingers om het deeg tot in de hoeken te drukken en over het hele oppervlak deukjes te maken.

Bestrijk royaal met olijfolie. Verdeel de uien over de pizzabodem, gevolgd door de ansjovisfilets, de olijven, de kaas, het broodkruim en de oregano. Besprenkel met de rest van de olijfolie en strooi er een paar zoutvlokken en wat peper over. Wees voorzichtig met het zout, want de ansjovis en de olijven zijn al behoorlijk zout.

Bak de pizza 20 minuten in de oven.

Voor 4-6 personen

Involtini di *Agnello*

LAMSVLEESROLLETJES MET ASPERGES

800-900 g lamshaas
zout en peper
2 bollen verse fior di latte (koemelkmozzarella)
24 ansjovisfilets in olie, uitgelekt
2 bundeltjes jonge asperges
2 takjes rozemarijn, zonder takjes
ongebleekte bloem om mee te bestuiven
100 g boter
60 ml extra vergine olijfolie
150 ml droge marsala

Halveer elk lamshaasje en snijd de helften in drieën (dan krijg je 6 plakjes per haasje). Sla de plakjes met een vleeshamer tot zo dun mogelijke rechthoeken. Dep ze droog op keukenpapier en breng ze licht op smaak (denk eraan dat de ansjovisfilets zout zijn).

Leg de lamsplakjes op het werkblad, met de lange kanten naar je toe. Snijd de mozzarella in zeer dunne plakjes en leg er één op elk lamsplakje. Leg steeds 1 ansjovisfilet en 2 asperges kop-staart op de mozzarella en bestrooi met wat rozemarijnnaaldjes. Rol het vlees strak om de vulling en steek het vast met een cocktailprikker of een stukje keukentouw. Bestuif de involtini met bloem en schud de overtollige bloem eraf.

Bak de involtini in porties in een grote koekenpan, in de boter en de olie, met de rest van de rozemarijn. Keer ze, zodat ze rondom bruin worden. Leg ze op een voorverwarmde schaal.

Wanneer alle involtini gebakken zijn voeg je de marsala toe aan de pan. Laat de marsala een paar minuten borrelen en schraap de aanbaksels los van de bodem van de pan. Leg de involtini terug in de pan en wentel ze rond in de saus. Draai het vuur laag en dek de pan af. Laat 10 minuten zachtjes koken en voeg een beetje marsala of water toe als het te droog lijkt te worden. Serveer heet, in de pan.

Voor 6 personen

Melanzane alla Parmigiana

Aubergines uit de oven

TOMATENSAUS

50 g boter
2 el extra vergine olijfolie
1 grote rode ui, in ringen
3 tenen knoflook, fijngehakt
4-5 verse salieblaadjes
2 verse laurierblaadjes
20 ansjovisfilets
250 g tomatenpuree
800 g Italiaanse tomaten uit blik
handvol verse basilicumblaadjes, grof gesneden

5-6 kleine aubergines
600 ml arachideolie om in te bakken
3 grote bollen mozzarella, in stukjes
zout en peper
100 g Parmigiano, versgeraspt, plus 200 g om erbij te serveren
70 g boter

Dit populaire gerecht is heet het lekkerst, maar kan ook op kamertemperatuur gegeten worden.

Verhit voor de saus de boter en de olie in een middelgrote pan. Voeg ui en knoflook toe en fruit ze tot ze zacht en doorschijnend zijn. Voeg de salie, de laurier, de ansjovis en de tomatenpuree toe en laat alles 10 minuten koken, tot het donkerrood van kleur wordt. Voeg de tomaten toe en laat nog 10 minuten zachtjes koken. Roer af en toe. Neem van het vuur en roer het basilicum erdoor.

Verwarm de oven voor op 200 °C.

Snijd de aubergines in de lengte in 5 mm dikke plakken en dep die droog met keukenpapier. Verhit de olie in een grote koekenpan. Bak de auberginеplakken zodra de olie heet is in porties goudbruin. Keer ze, zodat ze rondom kleuren. Neem ze uit de pan en laat ze uitlekken op keukenpapier.

Beboter een ovenschaal van 25 x 35 cm. Bedek de bodem helemaal met een laag aubergine. Verdeel er een laag tomatensaus over en leg daarop stukjes mozzarella. Voeg wat zout en peper toe en bestrooi met 1-2 eetlepels Parmigiano. Ga zo door met laagjes maken en eindig met een laagje tomatensaus. Verdeel er stukjes boter over en zet ongeveer 20 minuten in de oven, of tot de bovenkant goudbruin is. Serveer op tafel met de rest van de Parmigiano erbij.

Voor 6 personen

Granita al Caffè

KOFFIEGRANITA

125 g fijne suiker

200 ml zeer sterke espressokoffie

200 ml water

geklopte slagroom om erbij te serveren

Los de suiker op in de hete koffie en voeg het water toe. Laat dit mengsel afkoelen en draai er in een ijsmachine een lichte, luchtige granita van.

Als je geen ijsmachine hebt, schenk het mengsel dan in een ondiepe schaal en zet die in de diepvriezer. Haal hem er elke 1-2 uur uit en roer met een vork de ijskristallen terug in de vloeistof. Breek de granita, wanneer die helemaal bevroren is, in stukken en maal die in een keukenmachine kort met de pulseknop tot een lichte, luchtige granita. Zet terug in de diepvriezer tot het moment van serveren.

Schep de granita in glazen en lepel er wat lobbig geklopte room over.

Voor 4 personen

Granita al Gelso

MOERBEIGRANITA

300 g rijpe, donkerrode moerbeien
sap van 1 biologische citroen
125 g fijne suiker
100 ml water
geklopte slagroom om erbij te serveren

Deze granita heeft een intense donkerrode kleur en ziet er spectaculair uit met slagroom erover.

Maal alle ingrediënten behalve de slagroom in een keukenmachine tot een gladde puree. Schenk die in een ijsmachine en draai er een lichte, luchtige granita van.

Als je geen ijsmachine hebt, schenk het mengsel dan in een ondiepe schaal en zet die in de diepvriezer. Haal hem er elke 1-2 uur uit en roer met een vork de ijskristallen terug in de vloeistof. Breek de granita, wanneer die helemaal bevroren is, in stukken en maal die in een keukenmachine kort met de pulseknop tot een lichte, luchtige granita. Zet terug in de diepvriezer tot het moment van serveren.

Schep de granita in glazen en lepel er wat lobbig geklopte room over.

Voor 4 personen

Granita al Limone

CITROENGRANITA

5 biologische citroenen
3 citroenblaadjes
200 g fijne suiker
200 ml water

Deze granita is heel friszuur, precies zoals ik het lekker vind. Als je zoeter lekkerder vindt, voeg je gewoon wat meer suiker toe.

Gebruik een scherp mes om 3 dikke lange repen schil van de citroenen te snijden. Pers de citroenen uit en bewaar het sap.
Leg de schillen met de citroenblaadjes in een pan, voeg suiker en water toe en laat dit mengsel 5 minuten zachtjes koken.
Neem van het vuur en laat afkoelen. Zeef de siroop en voeg het citroensap toe. Schenk dit mengsel in een ijsmachine en draai er een lichte, luchtige granita van.
Als je geen ijsmachine hebt, schenk het mengsel dan in een ondiepe schaal en zet die in de diepvriezer. Haal hem er elke 1-2 uur uit en roer met een vork de ijskristallen terug in de vloeistof.
Breek de granita, wanneer die helemaal bevroren is, in stukken en maal die in een keukenmachine kort met de pulseknop tot een lichte, luchtige granita. Zet terug in de diepvriezer tot het moment van serveren.
Serveer de granita in glazen.

Voor 4 personen

Mazaresi

KLEINE PISTACHECAKEJES

400 g ongezouten pistachenoten
300 g fijne suiker
4 biologische eieren, gesplitst
rasp van 1 biologische citroen en het sap van ½
½ tl zout
poedersuiker om mee te bestuiven

Je kunt deze kleine cakejes maken in een middelgroot muffinblik. De doorsnede van de cakejes moet ongeveer 5 cm zijn.

Verwarm de oven voor op 180 °C.

Maal de pistachenoten met de helft van de suiker in een keukenmachine met de pulseknop tot een fijn mengsel.

Klop de eidooiers en de rest van de suiker met een mixer tot een licht en luchtig mengsel. Voeg citroenrasp en -sap en het pistachemengsel toe en meng goed.

Klop de eiwitten in een aparte kom tot ze stijve pieken vormen en spatel ze door het beslag.

Beboter een middelgroot muffinblik en vul de vormpjes tot net onder de rand. Zet 20 minuten in de oven. Steek er een cocktailprikker in om te controleren of de cakejes gaar zijn.

Neem uit de oven en laat afkoelen op een rooster. Haal de cakejes voorzichtig uit hun vormpjes en bestuif ze vóór het serveren met poedersuiker.

Voor ca. 35 cakejes

Salina

EILAND IN DE *Zon*

Links: De kapperplant in bloei

NET BUITEN DE KUST VAN SICILIË STEKEN OUDE VULKANEN HUN HOOFD boven de zee uit. Dit zijn de Eolische Eilanden, een wereld op zich, waar Sicilië wordt beschouwd als een vreemd land – 'het vasteland'. Ik wilde er graag heen om het eiland Salina te bezoeken, dat beroemd is vanwege zijn kappertjes en wijn van de Malvasiadruif.

Om bij Salina te komen, reis je per draagvleugelboot van de haven van Milazzo, langs het eiland Vulcano, waar je de zwaveldampen die uit de grond sijpelen kunt ruiken, en Lipari, het grootste van de eilandengroep. Je komt op Salina aan in de haven van Santa Marina. Er is een grote havendam voor de veerboot, een klein piazza en er staat een groepje huizen langs het water. Het is allemaal heel kleinschalig en het ziet er, zo ontdekte ik later, nog helemaal uit als honderdvijftig jaar geleden. Salina is aan de plaag van het massatoerisme en lelijke nieuwbouw ontsnapt, vooral doordat het zo afgelegen ligt dat bijna niemand er ooit heengaat. Het overleeft doordat men het links laat liggen.

Ons hotel was in het dorpje Malfa, een kwartier met de taxi naar de andere kant van het eiland. Het dorp staat boven op een heuvel met terrassen, die steil afdalen naar een haventje. De architectuur van de huizen zonder verdiepingen is kenmer-

Boven en rechts:
Landschap van Salina

kend en is al honderden jaren hetzelfde. Lange, lage gebouwen kijken uit over brede terrassen die langs het hele huis liggen. Dikke bakstenen pilaren ondersteunen schaduwrijke pergola's. De huizen zijn wit met opvallende gele of blauwe raamkozijnen. Hotel Signum, waar we logeerden, bestaat uit een aantal van dit soort huizen, die als een dorp bij elkaar staan. Dit is een project van Michele Caruso en zijn vrouw Clara Rametta, die een ander soort bezoekers willen aantrekken. Zij zien een soort toerisme voor zich dat Salina's geschiedenis en tradities respecteert en waardeert, dat kleinschalig is en de bestaande structuren van het eiland intact houdt. Het hotel heeft een terras waar 's avonds aperitivi geserveerd worden. Terwijl je aan je drankje nipt, kijk je uit over de Tyrrheense Zee naar Stromboli, een paar kilometer verderop. Net als de Etna is de Stromboli een actieve vulkaan, die ongeveer ieder kwartier een rookpluim uitstoot.

In de eetzaal van het hotel serveert Michele, de kok, voedsel dat grotendeels bestaat uit lokale producten. Kappertjes, tomaten, vijgen, amandelen en perziken groeien er allemaal en omdat het een eiland is, is er een overvloed aan vis en zeevruchten. Vincenzo, de sommelier, is vol passie over de plaatselijke wijnen en weet er heel veel van. De wijnen worden gemaakt van de Nero d'Avila- of Malvasiadruif

ESCURSIONI
PER LE ISOLE

Assitalia

Boven: Michele Caruso in zijn keuken; zijn tartar di acciughe fresche (midden); het dorpje Pollara (rechts)

en worden soms gemengd met de zeldzame Corinot Nero, een druivensoort waarvan men zegt dat de Grieken hem mee hebben genomen naar het eiland.

Salina staat bekend om zijn kappertjes, die verspreid over het eiland groeien aan kleine, slordige struiken op de zwarte lavagrond. In de lente hebben ze tere witte bloemetjes met paarse hartjes. Kappertjes van Salina worden geroemd om hun vlezigheid en sappigheid. Ze worden gebruikt om een pittige smaak te geven aan een hele reeks gerechten. Er is zelfs een likeur van kappertjes. Het centrum van de kappertjesproductie is het dorp Pollara, een eindje van Malfa. Pollara is ook beroemd als het dorp waar Pablo Neruda, Nobelprijswinnend dichter, naar verbannen werd in de jaren dertig van de vorige eeuw. Het verhaal van zijn tijd daar wordt verteld in de film *Il Postino*.

Net als bij Ortigia besloten we het eiland te bekijken vanaf zee, dus maakten we een boottocht rond het eiland. De tocht duurt een paar uur, zeker als je af en toe stopt om te zwemmen of om bezienswaardigheden te bekijken. Salina heeft een rotsachtige kust, met hoge klippen die neerdalen in een heldere, donkerblauwe zee. Op een gegeven moment passeerden we een verzameling boeien die een groot vierkant vormden in de open zee. Onze gids vertelde ons dat het een *caponada* was,

waarmee lambuca gevangen wordt, een lokale vissoort die een beetje op makreel lijkt maar een fijnere smaak heeft. De caponada is een licht platform bedekt met een laag palmbladeren. De palmbladeren worden verzwaard, zodat ze een paar meter onder de oppervlakte blijven drijven. De vissen worden blijkbaar door de schaduw onder de palmbladeren aangetrokken en komen er bij elkaar, en dan zijn ze makkelijk met netten te vangen. Alleen lambuca wordt op deze manier gevangen en ik heb nog nooit gehoord dat deze techniek elders gebruikt wordt.

Als je Salina bekijkt vanaf zee, is het opmerkelijk hoe hoog de terrassen tegen de twee bergtoppen op gemaakt zijn. Op veel plekken lijken de terrassen verwaarloosd en onbebouwd te zijn. Dat is het verhaal van Salina. Het schijnt dat er op deze heuvels ooit wijnstokken groeiden, die door een florerende bevolking verbouwd werden. Toen in de late negentiende eeuw de druifluisplaag Europa overspoelde, bleef Salina in eerste instantie gespaard. Daardoor gedijde het eiland goed in een tijd dat druiven schaars waren en voor veel geld verkocht konden worden. Maar uiteindelijk kwam de druifluis toch. De wijnstokken werden ziek en gingen dood en de mensen verarmden en emigreerden om te kunnen overleven. De bevolking van Salina is vandaag een fractie van wat ze is geweest.

Boven, rechts: Het eiland Stromboli in het maanlicht vanaf Hotel Signum Terrace

PRODUZIONE PROPRIA
CAPPERI E CUCUNCI

MAESTRO
PONENTE
N
TRAMONTANA
LEVANTE
SCIROCCO
SE

Aan het einde van onze boottocht meerden we aan in de haven van Lingua. Dichtbij, op het plaatselijke voetbalveld, is een vlak terrein waar vroeger zout gedroogd werd en dat het eiland zijn naam heeft gegeven (van het Italiaanse *sale*, zout). Lingua heeft een kleine kade en een bijzondere *bar-gelateria*, die Bar Alfredo heet. Op het piazza, aan de waterkant, stonden een paar tafels die bediend werden vanuit de winkel en we gingen even zitten om de sfeer te proeven. Bar Alfredo heeft twee specialiteiten – huisgemaakt roomijs en sorbet, en een gerecht dat ze pane cunzatu – aangemaakt brood – noemen, een zelfverzonnen gerecht. Het gerecht omschrijven als iets tussen pizza en focaccia in, doet het geen recht. Hun pane cunzatu is oorspronkelijk bedacht door Alfredo om onder de EU-regel uit te komen dat hij bij zijn drankjes wel snacks maar geen volledige maaltijden mocht serveren. En technisch gezien doet hij dat ook niet. Maar wat op tafel komt, is een gigantisch brood, vers uit de oven, doorgesneden, besprenkeld met olie en met daarop verschillende soorten beleg. Alfredo en zijn zoon Angelo, die de bar nu runt met zijn broer, hebben de afgelopen jaren geëxperimenteerd met het beleg. We hebben een aantal soorten geprobeerd en we vonden ze allemaal lekker. Na afloop at ik een

Boven: Het dorpje Lingua, Salina

15

18

fruitige smaak. Bij Bar Alfredo zullen ze alles blijven doen zoals ze het altijd deden, ondanks hun succes. Zoals Angelo zegt, 'una squadra che vince non se cambia' (een winnende ploeg verander je niet).

Tegen het einde van ons verblijf gingen we op bezoek bij een van de wijnmakerijen van het eiland, wijnmakerij Hauner, genoemd naar oprichter Carlo Hauner. Carlo kwam in 1962 aan op het eiland om de wijnproductie, die volledig ingestort was, weer op te starten. Er waren nog een paar oudjes die wijn maakten voor eigen gebruik maar wijn voor de handel werd niet meer gemaakt op Salina en was dus onbekend op de wijnmarkt. In de jaren zeventig van de vorige eeuw werd Hauners wijn van Malvasia opgemerkt en in de jaren tachtig begon Hauner grootschalig te produceren. Wijn maken is op Salina een behoorlijke uitdaging. Door de ligging van het eiland is alles duurder en het klimaat is lastig. Op de dag dat wij de wijnmakerij kwamen bezoeken, waaide er een hete sirocco vanuit Afrika en liepen de temperaturen op tot 40 °C. Maar er zijn gebieden met een microklimaat waarin de Malvasiadruif goed gedijt.

Nu Carlo Hauner de productie van de Malvasia op Salina onder de knie heeft, is hij op zoek naar nieuwe uitdagingen. Hij heeft onlangs een wijngaard van drie hectare

aangelegd op lavagrond op het eiland Vulcano, waar nog nooit wijn verbouwd is. De wijn heet Hierà en hij heeft een opvallend etiket met een gloeiend rode lavastroom tegen een zwarte achtergrond erop, ontworpen door zijn vader, die kunstenaar is.

Terwijl we een aantal Hauner-wijnen proefden, legde Carlo uit: 'Deze moet je drinken met vis..., deze met pasta of vlees... en deze' (verwijzend naar een fantastische Malvasia reserva) 'moet je drinken met een mooi meisje!'

Salina is een wereldje op zich. De plaatselijke bevolking vindt het fijn als er bezoekers komen die het eiland waarderen zoals het is, maar niet als ze komen om er dingen te veranderen. Hun houding is zoals die van de Slow Food-beweging als die een individuele producent ondersteunt. In het geval van Salina wordt het Slow Food-principe toegepast op een hele gemeenschap en het lukt inmiddels al heel aardig om de bezoekers een bijzondere ervaring mee te geven. Ik hoop dat deze benadering ook positief is voor de mensen die op het eiland wonen, dat jonge mensen in staat zullen zijn de tradities in ere te houden en dat ze niet het idee krijgen dat ze ergens anders heen moeten voor werk en een goed leven.

We aten heel veel heerlijke dingen op Salina, hierna volgt een selectie recepten die me doen denken aan mijn tijd

Boven en links: Bij wijnmakerij Hauner met Carlo Hauner (linksboven)

Boven en rechts: Kappers groeien tegen de helling, Salina

Om te beginnen met twee recepten met lokale zeevruchten die ideaal zijn als voorafje. Tartar di Acciughe Fresche is tartaar van verse ansjovis, Insalata di Polipini e Seppioline is een salade van kleine octopus en kleine pijlinktvis.

Zwaardvis is een van de hoogtepunten van de Siciliaanse keuken en ik heb nog een recept opgenomen voor Involtini di Pesce Spade, ditmaal met citrussmaken.

Croquette di Cipolla zijn aardappelkroketjes met uien en zoute kappertjes. Ze worden gebakken in plaats van gefrituurd en ze komen aanlokkelijk goudgeel uit de oven.

Ik heb een recept opgenomen voor het beroemde Pane Cunzatu van Bar Alfredo, met een keuze uit drie soorten beleg.

Bij Hotel Signum hebben we een gedenkwaardige lichte ravioli gegeten, gevuld met courgettebloemen, ricotta en munt. Ik heb ze Ravioli di Michele genoemd, naar hun schepper, die me heeft laten zien hoe je ze moet maken. Mijn versie is iets anders dan die van Michele – hij gebruikt geen eieren in het pastadeeg, maar ik liever wel.

Als dessert heb ik Crostata alla Marmellata di Arance opgenomen, een sinaasappelmarmeladetaart. Sicilië is een grote citrusproducent en voor mij is de bitterzoete smaak van de marmelade symbolisch voor het eiland als geheel.

storante

Tartar di acciughe Fresche

TARTAAR VAN VERSE ANSJOVIS

4 zeer verse ansjovissen

½ rode ui, fijngesnipperd

1 el pijnboompitten, geroosterd

1 tl krenten

paar takjes wilde venkel (of het groen van gecultiveerde venkel)

rasp en sap van 1 biologische citroen

1 kleine rode peper, in kleine stukjes (schraap wat van de zaadjes eruit om het pepertje iets minder scherp te maken)

4 tl ingemaakte kappertjes, uitgelekt

zoutvlokken

Dit intens geurige gerecht wordt met knapperig brood een verrukkelijk voorafje.

Ontschub de ansjovissen en verwijder de koppen en ruggengraten. Zorg dat je geen graten laat zitten. Snijd de ansjovissen in blokjes en doe die met de andere ingrediënten in een mengkom. Meng alles voorzichtig en breng op smaak met zout en peper. Serveer meteen of zet tot gebruik in de koelkast.

Voor 4 personen als voorafje

Croquette DI *Cipolla*

UIENKROKETJES

4 middelgrote aardappelen, gekookt
60 ml volle melk
2 biologische eieren
40 g kappertjes
zout en peper
3 middelgrote uien, gepeld en gestoomd tot ze zacht zijn
36 ansjovisfilets in olie, uitgelekt en drooggedept
130 g vers broodkruim
75 ml extra vergine olijfolie

Deze lekkere kroketjes zijn heerlijk als bijgerecht bij geroosterde vis of bij vleesgerechten.

Verwarm de oven voor op 200 °C.

Schil de aardappelen en druk ze door een pureeknijper of een groentezeef. Meng in een kleine kan de melk, de eieren en de kappertjes en spatel dit mengsel door de aardappelpuree. Breng op smaak met zout en peper, maar wees voorzichtig met zout, want de ansjovisfilets zijn al behoorlijk zout.

Snipper de uien en voeg ze toe aan de puree. Meng goed. Maak steeds van 1 eetlepel puree een balletje van 3 cm. Druk in ieder balletje een ansjovisfilet en sluit die helemaal in.

Meng op een schaaltje het broodkruim met de olijfolie. Rol de kroketjes erdoor, zodat ze rondom gepaneerd zijn.

Verdeel de kroketjes over een licht met olie bestreken bakplaat. Bak ze 15-20 minuten, of tot ze goudbruin worden. Serveer ze meteen.

Voor ca. 36 kroketjes

Insalata di polipini e *Seppioline*

SALADE VAN OCTOPUS EN INKTVIS

6 kleine octopussen (ca. 15 cm lang)

6 kleine pijlinktvissen

2 el rodewijnazijn

2 verse laurierblaadjes

rasp en sap van 1 biologische citroen

125 ml extra vergine olijfolie

1 stronk bleekselderij, alleen het hart, in stukjes van 1 cm en de kleine blaadjes

zoutvlokken en versgemalen zwarte peper

Maak de octopussen schoon door de koppen, de ogen en de binnenkant van het lichaam te verwijderen. Duw dan de bek tussen de tentakels door naar buiten en doe hem weg.

Snijd de tentakels van de pijlinktvissen los van de rest. Snijd de lichamen open en verwijder de ingewanden. Vergeet niet ook de inwendige skeletten uit de lichaamszakken te trekken.

Breng de azijn met de laurierblaadjes in een grote pan water aan de kook. Voeg de octopussen en de inktvissen (inclusief tentakels) toe en laat 15-20 minuten koken op middelhoog vuur. Neem de pan van het vuur en laat afkoelen. Klop in een grote schaal citroenrasp en -sap met de olijfolie tot een dressing. Roer de bleekselderij erdoor.

Neem de octopus en de inktvis uit het water en trek het vel eraf. Trek de tentakels los en snijd de lichamen in repen. Dep alles droog met keukenpapier en voeg toe aan de schaal. Breng op smaak met zoutvlokken en peper en schep alles voorzichtig om. Ik eet deze salade graag op kamertemperatuur, als voorgerecht.

Voor 4 personen

Involtini
DI PESCE SPADA AI *Agrumi*
ZWAARDVISROLLETJES MET CITRUSSMAAK

4 stukken zwaardvis van ca. 20 x 20 cm en 5 mm dik

50 g vers broodkruim

zout en peper

1 biologische citroen, in dunne plakken

handvol verse laurierblaadjes

80 ml extra vergine olijfolie

VULLING

rasp van 1 biologische citroen

rasp van 1 biologische sinaasappel

2 verse citroen- of sinaasappelblaadjes (zorg dat ze jong en zacht zijn)

80 g pecorino piccante, geraspt

1 kleine rode peper, zonder zaadjes (eventueel)

2 el extra vergine olijfolie

30 g vers broodkruim

Zwaardvis is een van de vreugden van de Siciliaanse keuken en dit recept komt van Salina. Je kunt deze zwaardvisrolletjes heet serveren, of op kamertemperatuur.

Verwarm de oven voor op 200 °C.

Halveer de zwaardvisplakken met een scherp mes, zodat je in totaal 8 plakken van 10 cm hebt. Dep ze droog met keukenpapier. Draai voor de vulling alle ingrediënten in een keukenmachine met de pulseknop tot ze gemengd zijn.

Leg de zwaardvisplakjes op het werkblad en leg op elk ervan een theelepel van de vulling. Rol ze op en maak ze vast met een cocktailprikker. Strooi het broodkruim uit over het werkblad en wentel de involtini erin rond tot ze helemaal gepaneerd zijn.

Beboter een ovenschaal. Leg de involtini erin en bestrooi ze licht met zout en peper. Steek de citroenplakjes en de laurierblaadjes om en om tussen de involtini en sprenkel de olie erover. Zet 10-15 minuten in de oven. Eventueel overgebleven vulling kan vlak voor het serveren over de rolletjes gestrooid worden.

Voor 4 personen

Pane *Cunzato*

BELEGDE BROODJES

BROOD

1 groot stuk focaccia per persoon (ongeveer 20 cm)

extra vergine olijfolie

kleine rode pepers, fijngehakt

oreganoblaadjes

zeezout

EOLISCH BELEG

rijpe kleine tomaatjes, gehalveerd

kappertjes en olijven zonder pit

1 kleine rode ui, in halve ringen

ansjovisfilets in olie

verse basilicumblaadjes

MISTO-BELEG

rijpe tomaten, in dunne plakken

kappertjes en olijven zonder pit

geroosterde auberginepplakken

zongedroogde tomaten

bollen verse mozzarella, in stukjes

tonijn in olie, uitgelekt

SALINA-BELEG

kappertjes-amandelpesto (p.118)

rijpe tomaten, in blokjes

geroosterde auberginepplakken

cucunci (kappertjesbloemen)

gebakken ricotta, geraspt

verse muntblaadjes

Het oorspronkelijke pane cunzato (dat 'belegd brood' betekent) werd gemaakt door brood dat nog warm was van het bakken te besprenkelen met extra vergine olijfolie en dan te beleggen met plakken verse tomaat, wat verse oregano en zout.

Deze versies zijn specialiteiten van Bar Alfredo – een beroemde bar-gelateria op Salina. Alfredo en zijn zoon hebben ze bedacht om onder een plaatselijke verordening uit te komen, die bepaalt dat hij alleen snacks bij zijn drankjes mag serveren en geen volledige maaltijden. Hun pane cunzato is een enorm belegd broodje, dat eigenlijk een ongelooflijke, vullende lunch is!

Ik geef er geen hoeveelheden bij, omdat dit heel individuele broodjes zijn en je zo veel of zo weinig van de voorgestelde ingrediënten kunt gebruiken als je wilt. Er zijn geen regels voor.

Verhit de grill tot middelhoog. Als de focaccia erg dik is, halveer je die horizontaal. Bestrijk het brood met olijfolie en strooi er fijngehakte rode peper, oreganoblaadjes en zout naar smaak over. Leg de focaccia een paar minuten onder de grill tot hij goudbruin wordt. Beleg zoals je het lekker vindt en eet meteen op.

Ravioli di Michele

RAVIOLI VAN MICHELE

PASTADEEG

400 g bloem (van harde durum tarwe)

4 biologische eieren

1-2 tl zout

VULLING

15 courgettebloemen (zonder de bittere meeldraden), fijngesneden

400 g verse volvette ricotta

100 g Parmigiano, versgeraspt

1 handvol verse muntblaadjes, fijngesneden

zout en peper

SAUS

125 ml extra vergine olijfolie

125 ml water

15-20 courgettebloemen (zonder de bittere meeldraden), in dunne reepjes

1 handvol verse muntblaadjes, in dunne reepjes

150 g Parmigiano, versgeraspt

versgemalen zwarte peper

Michele Caruso van Hotel Signum liet me zien hoe je deze heerlijke, subtiel smakende ravioli moet maken. Michele gebruikt geen eieren in het pastadeeg omdat de ravioli daar lichter van worden, zegt hij. Ik geef echter de voorkeur aan de consistentie van pasta met ei, dus geef ik hier mijn versie.

Meng de ingrediënten voor het deeg in een keukenmachine of mixer met de deeghaak tot een glad en elastisch deeg (ongeveer 5 minuten). Snijd het deeg in vier delen en haal die een paar keer door een pastamachine, van de dikste stand tot de op één na dunste stand. Bestuif de pastavellen met een beetje bloem en leg ze apart.

Meng voor de vulling alle ingrediënten en breng op smaak met zout en peper. Wees voorzichtig met zout, want de kaas is al zout.

Gebruik een ronde koekjessteker van 8 cm om cirkels uit het pastadeeg te steken. Leg een opgehoopte theelepel vulling in het midden van elke deegcirkel, vouw de cirkels dicht en druk de randen stevig aan.

Breng een grote pan gezouten water aan de kook. Voeg de ravioli voorzichtig toe en kook ze 2 minuten tot ze boven komen drijven – ze moeten nog al dente zijn. Schep de ravioli met een schuimspaan uit het water en leg ze op een warme schaal.

Klop voor de saus de olie en het water tot een dressing. Voeg de rest van de ingrediënten toe, schenk de saus over de ravioli en serveer meteen.

Voor 6 personen

Crostata
ALLA MARMELLATA DI *Arance*
SINAASAPPELMARMELADETAART

250 g bittere marmelade van goede kwaliteit (zelfgemaakte is het beste)

deeg

200 g ongebleekte bloem

100 g boter op kamertemperatuur

3 biologische eidooiers

50 g fijne suiker

snufje zout

rasp van 1 biologische citroen

Dit is een van mijn favoriete recepten omdat het deeg heel dun en krokant is en de marmelade sterk en bitter. De taart is lekker bij elke gelegenheid.

Maak het deeg door alle ingrediënten in de keukenmachine snel met de pulseknop te mengen. Maak er, zodra het een samenhangend deeg is, een bal van en laat die 30 minuten rusten in de koelkast.

Verwarm de oven voor op 200 °C en beboter een taartvorm

Rol het deeg uit op een licht met bloem bestoven werkblad en houd een beetje achter om mee te garneren. Leg het deeg in de bakvorm en snijd het langs de rand netjes. Verdeel de marmelade over de bodem, Maak met de rest van het deeg mooie decoraties en leg die op de marmelade. Bak 20-25 minuten op de onderste richel van de oven.

Voor 6 personen

Lunch in Rovello

EEN VAN DE GROTE GENEUGTEN VAN REIZEN IS THUISKOMEN EN DE ERVARINGEN van je reis delen met anderen. De beste manier om dit te doen als je een culinaire reis maakt, zoals ik deed naar Sicilië, is om een maaltijd te bereiden van al je favoriete gerechten van de reis. Woorden schieten tekort om de hele ervaring over te brengen, maar als je eten klaarmaakt voor mensen, begrijpen ze het.

Ons familiehuis, Rovello (genoemd naar het dorp boven het huis van mijn vader in Lugano), staat in Sydney, een stad waar het het grootste deel van het jaar plezierig mild weer is. Voor het huis is een breed terras dat uitkijkt over de tuin met uitzicht over de haven erachter. Op het terras, in de schaduw van een met blauwe regen begroeide pergola, staat een lange eettafel. Wanneer het maar mogelijk is, eten we daar. We hebben vooral een traditie van zondagse familielunches.

In de lente kan buiten lunchen geweldig zijn, of een grote misser, omdat het weer wisselvallig kan zijn. Maar op een mooie dag, als de zon schijnt en kracht begint te krijgen en de eerste blauwe regenbloesems beginnen te bloeien op de pergola boven je hoofd, kan het een fantastische ervaring zijn. Gelukkig hadden we voor mijn 'Sicilië in de lente'-lunch precies zo'n dag.

Als ik denk aan het eten van Sicilië, dan is het ongelooflijk gevarieerde aanbod van zeevruchten- en groentegerechten het meest gedenkwaardig. De desserts en

Links: De tafel voor de familielunch in huize Rovello
Volgende pagina's: aperitief (links) en bereiding van de sfincione (rechts)

Rechts: lunch aan tafel met zwaardvis salmoriglio op de voorgrond; Daniel helpt mee (boven); Jason serveert (midden); Samson smult met Miranda van zijn granita (onder)

de taarten zijn ook om nooit te vergeten natuurlijk, maar dat is een ander verhaal. Dus ging ik op de ochtend van mijn zondagse lunch vroeg op pad naar de plaatselijke vismarkt. Daar vond ik een prachtige zwaardvis en een paar zeer verse kleine octopussen en inktvisjes. Bij mijn groentewinkel vond ik mooie zachte radicchio, nieuwe aardappeltjes en jonge prei.

Wanneer ik zo'n speciale lunch bereid, maak ik altijd een aantal verschillende gerechten die ik allemaal tegelijk op tafel zet. Iedereen proeft ervan en geeft ze door aan elkaar. Dat is heel gezellig en een goede manier om een aantal verschillende smaken te proeven – iedereen kan zijn favorieten kiezen.

In ons gezin is helpen bij het koken een belangrijk onderdeel van de lunch. Iedereen vindt het leuk om mee te doen en die dag had ik heel veel hulp, ook van mijn vijftien maanden oude kleinzoon. Het was moeilijk kiezen welke gerechten we zouden proberen; eerlijk gezegd zou ik ze het liefst allemaal bereid hebben – en misschien doe ik dat ook wel, verspreid over de zondagen die nog komen.

Dit is het menu dat ik koos voor mijn 'Sicilië in de lente'-lunch. Het riep allerlei herinneringen bij me op en iedereen kon proeven wat het eten op Sicilië zo speciaal maakt.

Lunch in huize Rovello
Menu

Olive Verdi Siciliane (p.209)
Giardiniera (p.206)
Sfincione (p.210)

Insalata di Polipini e Seppioline (p.236)
Caponatina (p.181)
Pesce Spada al Salmoriglio (p.189)
Porri e Patate al Forno (p.186)
Radicchio alla Griglia (p.185)

Torta di Noci (p.190)
Granita al Limone (p.218)
Granita al Caffè (p.215)
Granita al Gelso (p.217)

ΠΑ
ΝΟΡΜΙ
ΤΑΝ

REGISTER VAN PLAATSEN

CAFFÈS, BARS EN RESTAURANTS

Pasticceria del Massimo Amato
Via A. Favara 14/16
Palermo
Tel: 091 333 223
www.pasticceriadelmassimo.com

Pasticceria Mazzara
Via Gen. Magliocco 19
Palermo
Tel: 091 321 443

Pasticceria Chantilly
Corso Umberto I 76
Modica
Tel: 0932 941 771
www.pasticceriachantilly.com

Panificio S. Antonio
Via Gianforma P.M. 6
Frigintini (Modica)
Tel: 0932 901 061

Pasticceria
Grammatico Maria
Via V. Emanuele 14
Erice
Tel: 0923 869 390

Gelateria
Conti Gallenti
Corso Umberto 275
Bronte
Tel: 095 691 165

Ristorante
Panta Rei
Via Roma 15
Ortigia
Tel: 0931 661 15
www.ristorantepantarei.it

Ristorante L'Ancora
Via G. Perno 7
Ortigia
Tel: 0931 462 369

Ristorante
'À Lumeredda'
Via S. Lorenzo
Malfa
Tel: 090 984 4130

Trattoria Piccolo Napoli
Piazzetta Mulino al Vento 4
Palermo
Tel: 091 320 431

Kursaal Tonnara
Vergine Maria
Via Bordonaro 9
Palermo
Tel: 091 637 2267
www.kursaaltonnara.it

EETWAREN- EN WIJNLEVERANCIERS

Titone Azienda Agricola
Via Piro 68
Loco Grande
Trapani
Tel: 0923 989 426
www.titone.it

La Casa del Tonno
Via Roma 12
Favignana
Tel: 0923 922 227

Zoutfabrikant
Saline Ettore e Infersa
C. da Ettore Infersa 158
Marsala
Tel: 0923 966 936
www.salineettoreinfersa.com

Cantine Florio
Via Vincenze Florio 1
Marsala
Tel: 0923 781 306
www.cantineflorio.it

'Passopisciaro' wijnen
Castiglione
Tel: 0942 983 225
www.passopisciaro.com

Hauner Carlo
Azienda Agricola
Via Umberto 1
Lingua/Salina
Tel: 090 984 3141
www.hauner.it

Specerijen
Antonio Drago
Via Emanuele de Benedictus
Ortigia

La Cantinaccia
Via XX Settembre 13
Ortigia
Tel: 0931 659 45

PALAZZI

Palazzo Conte Federico
Via dei Biscottari 4
Palermo
www.contefederico.com

ACCOMMODATIES

Hotel
Principe di Villafranca
Via G. Turrisi Colonna 4
Palermo
Tel: 091 611 8523

Bed and Breakfast
Ai Lumi
Corso Vittorio Emanuele 71/77
Trapani
Tel: 0923 872 418
www.ailumi.it

Agriturismo
Baglio Vajarassa
C. da Spagnola
Marsala
Tel: 0923 968 628

Agriturismo
Borgo San Nicolao
Randazzo
Tel: 095 924 084
www.borgosannicolao.it

Hotel
Villa Schuler
Piazzetta Bastione, Via Roma
Taormina
Tel: 0942 234 81
www.villaschuler.com

Hotel Signum
Via Scalo 15
Malfa/Salina
Tel: 090 984 4222
www.hotelsignum.it

RECEPTENREGISTER

J

K

L

M

N

O

P

R

S

T

U

V

W

Z

Manuela Darling-Gansser is geboren in Lugano, Zwitserland. Ze bracht haar kindertijd door in Iran voordat ze terugkeerde naar school in Zürich. Als doorgewinterde reiziger en enthousiast taalkundige heeft ze in de VS, Japan, Italië en Engeland gewoond en andere delen van Azië, India en Noord-Afrika bezocht. Geïnspireerd door familietradities is ze haar hele volwassen leven een gepassioneerde kok geweest. Succesvolle reis- en kookboeken van haar hand zijn onder andere *Onder de olijfboom, Herfst in Piemonte en Winter in de alpen*. Haar meest recente uitgave is *Top 10: Recipes for the Beginner Home Cook*. Ze woont met haar gezin in Sydney.

Simon Griffiths is een fotograaf uit Melbourne, wiens werk regelmatig verschijnt in vele tijdschriften. Recente boeken van zijn hand zijn onder andere *Maggie's Kitchen*, *Paul Bangay's Garden Design Handbook* en hij werkt momenteel aan meer kook-, reis- en tuinboeken. Simon houdt van eten en reizen en wanneer hij niet werkt, is hij te vinden in het park met zijn whippet racehond.